Geschichte

Sachsen-Anhalt

AF142326

Entdecken und Verstehen

10

Herausgegeben von
Dr. Thomas Berger-v. d. Heide
Prof. Dr. Hans-Gert Oomen

**Vom Ende des Zweiten Weltkriegs
bis in die Gegenwart**

Herausgegeben von
Dr. Thomas Berger-v. d. Heide

Bearbeitet von
Dr. Thomas Berger-v. d. Heide
Stephan Burrichter
Bettina Mende
Ulrich Mittelstädt
Karl-Heinz Müller
Dr. Dieter Potente
Dr. Cornelius Schley

Beratende Mitarbeit
Bettina Mende, Salzwedel
Prof. Dr. Mathias Tullner, Magdeburg

Redaktion: Gisela Veerkamp
Bildassistenz: Christina Sandig, Svea Schade
Umschlaggestaltung: Klein & Halm Grafikdesign, Berlin
Layoutkonzept: Simone Siegel, Mike Mielitz
Technische Umsetzung: zweiband.media, Berlin

Das Umschlagbild zeigt das Besucherzentrum für die Himmelsscheibe „Arche Nebra" (Burgenlandkreis).

www.cornelsen.de

Die Webseiten Dritter, deren Internetadressen in diesem Lehrwerk angegeben sind, wurden vor Drucklegung sorgfältig geprüft. Der Verlag übernimmt keine Gewähr für die Aktualität und den Inhalt dieser Seiten oder solcher, die mit ihnen verlinkt sind.

1. Auflage, 6. Druck 2023

Alle Drucke dieser Auflage sind inhaltlich unverändert und können im Unterricht nebeneinander verwendet werden.

Druck und Bindung: Livonia Print, Riga

ISBN 978-3-06-064753-8

PEFC zertifiziert
Dieses Produkt stammt aus nachhaltig bewirtschafteten Wäldern und kontrollierten Quellen.
www.pefc.de

PEFC/12-31-006

Liebe Schülerinnen und Schüler!

Ihr habt im letzten Schuljahr die Geschichte bis zur deutschen Wiedervereinigung verfolgt. In diesem Buch könnt ihr euch vertiefend mit dem Epochenjahr 1945 und der Zeit der Wende 1989/1990 auseinandersetzen. Ihr erfahrt außerdem, wie es zum Kalten Krieg kam und welche Konflikte er beinhaltete.

Das Methodenpraktikum zeigt euch, wie Zeitgeschichte in einer Ausstellung lebendig werden kann.

Lernen macht natürlich mehr Spaß, wenn man etwas selber herausfinden kann. Ihr findet daher in diesem Buch neben den Texten auch zahlreiche Bilder und Berichte der damals lebenden Menschen. Wir bezeichnen sie als Quellen. Die Quellen erkennt ihr an einem „Q" und einem Farbstreifen. Texte von Geschichtsforschern haben ein „M" und ebenfalls den Farbstreifen. Außerdem gibt es noch viele spannende Seiten, z. B.:

 Geschichte vor Ort:
Die Gedenkstätte Deutsche Teilung Marienborn

1 Autoschlangen am Grenzübergang Helmstedt-Marienborn. 2 Blick über die Grenzanlagen heute. Das Areal ist nun eine

 Methode: Plakate des Kalten Krieges untersuchen

Schauplatz Geschichte: Flüchtlinge 1945

 Check: Das solltet ihr wissen

Arbeitsbegriffe
✓ Kalter Krieg
✓ Ost-West-Konflikt
✓ Eiserner Vorhang
✓ Nato
✓ Warschauer Pakt
✓ Kuba-Krise

Und jetzt – viel Spaß beim Lesen und Lernen mit eurem Geschichtsbuch.

Inhaltsverzeichnis

Inhaltsverzeichnis

1. Das Jahr 1945 – ein Querschnitt

8. 5. 1945

26. 6. 1945

17. 7. – 2. 8. 1945

KAPITULATION
ENDE DES ZWEITEN
WELTKRIEGS IN EUROPA

GRÜNDUNG DER
VEREINTEN NATIONEN
IN NEW YORK

POTSDAMER
KONFERENZ

Ältere Menschen denken an das Jahr 1945 sicher mit gemischten Gefühlen zurück: Auf der einen Seite mit Schrecken, denn Deutschland verlor den von ihm angezettelten Zweiten Weltkrieg. Viele Städte (wie z.B. Magdeburg) und Fabriken lagen in Schutt und Asche. Millionen Menschen starben; unzählige von ihnen hatten ihre Wohnungen und ihre Heimat verloren. Auf der anderen Seite herrschte aber auch Erleichterung über das Ende der nationalsozialistischen Diktatur und des Zweiten Weltkriegs.

Bereits in der Klasse 9 habt ihr euch kurz mit der Geschichte des Jahres 1945 beschäftigt. In diesem Kapitel geht es nun darum, genauer auf dieses Jahr zu schauen. Wie mit einem Scheinwerfer könnt ihr in diesem Kapitel bestimmte wichtige Ereignisse des Jahres 1945 genauer beleuchten und eure Kenntnisse über die Zeit nach dem Zweiten Weltkrieg erweitern.

6. – 9. 8. 1945

20. 11. 1945 – 14. 4. 1946

ATOMBOMBENABWÜRFE IN JAPAN – ENDE DES KRIEGS IN ASIEN

NÜRNBERGER KRIEGS-VERBRECHERPROZESSE

1 Das Vordringen der alliierten Truppen am Ende des Zweiten Weltkriegs.

Epochenjahr 1945

Das Jahr 1945 war aus der Sicht der heutigen Geschichtswissenschaftler ein Epochenjahr. Aus den Ereignissen und Entscheidungen des Jahres 1945 ergaben sich auf lange Sicht einschneidende Veränderungen für die Menschen in Deutschland, Europa und der ganzen Welt. Historiker bezeichnen solche Jahre als Epochenjahre, da sie für den Beginn neuer und langfristiger Entwicklungen stehen.

Im Bewusstsein der Menschen damals war aber nur eine Frage wichtig: Wie kann ich überleben? 1945 starben noch einmal unzählige Menschen durch Kriegshandlungen, auf der Flucht vor den alliierten Truppen und aufgrund der Vertreibung aus den deutschen Ostgebieten. Auf dem Rückzug vor den alliierten Truppen ermordete die SS tausende KZ-Häftlinge. Sinnlose Durchhaltebefehle verlängerten die Kampfhandlungen und führten zu großen Zerstörungen und zahlreichen Opfern unter Zivilisten und Soldaten.

Im August 1945 wurden die japanischen Städte Hiroshima und Nagasaki durch den Abwurf zweier US-Atombomben völlig zerstört, hunderttausende Menschen starben oder wurden verstrahlt.

Als am 8./9. Mai 1945 die deutschen Truppen kapitulierten, brach die NS-Herrschaft wie ein Kartenhaus zusammen. Die Siegermächte besetzten ganz Deutschland und übernahmen die Macht. In den vier Besatzungszonen entwickelten sich schnell unterschiedliche Vorgehensweisen der Besatzungsmächte. Dadurch unterschieden sich die Lebensbedingungen für die Überlebenden deutlich.

Eine große Konferenz der Staatschefs der USA, der Sowjetunion und Großbritanniens stellte in Potsdam im August 1945 die Weichen für die politische Entwicklung Deutschlands. Durch die Übergabe der deutschen Ostgebiete an Polen hatte die Sowjetunion bereits eigenmächtig Gebietsveränderungen vorgenommen.

Auf Initiative der USA wurden im Juni 1945 die Vereinten Nationen (UNO) in New York gegründet. Sie sollten weltweit den Frieden sichern und künftige Eroberungskriege verhindern.

1 *Untersucht die Karte und die Fotos und beschreibt zentrale Ereignisse des Jahres 1945.*

2 *Erklärt, warum die Geschichtswissenschaftler das Jahr 1945 als ein Epochenjahr sehen.*

2   Der Abwurf einer Atombombe. Beim Abwurf einer Wasserstoffbombe entsteht ein so genannter Atompilz.

4   Hiroshima nach dem Abwurf der ersten Atombombe am 6. August 1945. Foto, 1945.

3   Das zerstörte Zentrum von Halberstadt. Blick auf den Holzmarkt. Foto, 1948.

5   Deutscher Flüchtlingstreck aus dem Osten auf dem Weg in den Westen. Foto, 1945.

Zerstörungen in Deutschland und Europa

1 Kriegszerstörungen im Zentrum von Magdeburg. Foto, 1945.

Zerstörter Wohnraum in Prozent
- über 25%
- über 50%
- über 75%

2 Kriegszerstörungen in deutschen Städten.

Kriegszerstörungen und Wohnungsnot

Als im Mai 1945 die Waffen schwiegen und der Krieg in Europa beendet war, lagen viele Städte in Schutt und Asche. Die Versorgung der Menschen mit Wohnraum, Energie und Nahrungsmitteln war zusammengebrochen oder schwer gestört. Das traf nicht nur die Bewohner deutscher Städte, sondern auch Menschen in Großbritannien, Polen, Frankreich und der Sowjetunion. Die Bombardierung der Industrieanlagen, der Verkehrsknotenpunkte und der Städte durch die Luftwaffen hatten das Ziel, kriegswichtige Industrieanlagen zu zerstören und die jeweilige feindliche Bevölkerung durch die Zerstörung ihrer Wohnungen zu entmutigen. Ab 1944 war die deutsche Luftwaffe aber nicht mehr zu Bombardierungen fähig, sodass britische und amerikanische Flugzeuge vor allem Deutschland und von Deutschland besetzte Gebiete angriffen.

Vier Städte machen beispielhaft das Ausmaß an Zerstörungen von Häusern, Wohnungen, Verkehrswegen und Industrieanlagen in Europa deutlich:

Magdeburg: Ab 1943 war die Stadt wegen ihrer vielen kriegswichtigen Industriebetriebe Ziel alliierter Luftangriffe. Am 16. Januar 1945 wurde die Altstadt durch einen schweren Luftangriff zu 90 Prozent zerstört, 2000 Menschen starben, 190 000 wurden ausgebombt.

Zerstörungen in Deutschland und Europa

3 Die zerstörte Kathedrale von Coventry. Foto, 1945.

Coventry: Im Herbst 1940 zerstörte die deutsche Luftwaffe große Teile der Stadt und die Kathedrale. 1200 Menschen starben, ca. 4300 Häuser wurden zerstört.

Warschau: Nach dem Aufstand der polnischen Heimatarmee gegen die Deutschen in Warschau schlugen Einheiten der SS und der Wehrmacht im Oktober 1944 den Aufstand nieder und zerstörten große Teile der Stadt planmäßig. Im Januar 1945 eroberten die Russen eine von Einwohnern verlassene Ruinenstadt.

Le Havre: Die von deutschen Truppen besetzte französische Hafenstadt am Ärmelkanal wurde im Herbst 1944 von britischen Flugzeugen immer wieder angegriffen. Beim schlimmsten Angriff im September 1944 wurden 5000 Menschen getötet und ca. 12000 Gebäude zerstört.

1 Berichtet mithilfe der Bilder und des Textes über die Zerstörungen in Deutschland und Europa.

2 Erkundigt euch nach den Kriegszerstörungen in eurer Heimatregion.

4 Zerstörungen in Warschau. Foto, 1945.

5 Zerstörungen in Le Havre. Foto, 1945.

Sachsen-Anhalt in der Nachkriegszeit

1 „Trümmerfrauen" bei Aufräumarbeiten in Halberstadt.

2 Auch Kinder halfen beim Aussortieren noch brauchbarer Ziegel.

Folgen des Krieges

Sachsen-Anhalt wurde als „Land" in der sowjetischen Besatzungszone erst 1947 gegründet, nachdem es als „Provinz Sachsen" schon 1945 (ab Herbst 1946 „Provinz Sachsen-Anhalt") ins Leben gerufen wurde.

Der Sommer 1945 gestaltete sich besonders schwierig. Der Alltag der Sachsen-Anhaltiner drehte sich um die Sicherung der Grundbedürfnisse. Äcker waren verwüstet, Scheunen und Ställe niedergebrannt, Erntevorräte vernichtet. Das Vieh war getötet oder fortgetrieben, das Saatgut geraubt. All das hatte verheerende Auswirkungen auf die Versorgung der Bevölkerung mit Lebensmitteln. Auch das zerstörte Verkehrssystem musste erst wieder hergestellt werden. Mit einfachsten Mitteln wurden Notreparaturen an Auto- und Eisenbahnen sowie an Brücken vorgenommen, um den Personen- und Gütertransport halbwegs aufrechtzuerhalten. Vielfach mussten die Menschen für Transporte aller Art auf das Pferdegespann zurückgreifen. Man nahm lange Fußmärsche auf sich, um zur Arbeit zu gelangen. Wer ein Fahrrad besaß, konnte sich glücklich schätzen.

1 Versucht, den Alltag der Menschen im Mai 1945 zu beschreiben.

2 Welche Probleme waren für die Menschen damals wohl am dringendsten?

Die Leistungen der Trümmerfrauen

Die Städte lagen in Schutt und Asche, die Straßen waren verschüttet oder aufgerissen. Verkehrs- und Produktionsanlagen waren zerstört und damit war die Versorgung der Bevölkerung kaum zu gewährleisten. Zahllose Menschen waren obdachlos. Bei Sonne und Regen, Kälte und Hunger mussten daher zunächst Berge von Schutt weggeräumt werden, bevor an einen Wiederaufbau überhaupt zu denken war. Mit bloßen Händen wurden Ziegel geborgen, geputzt und gestapelt. Oft wurden die Eisenkarren der Trümmerbahnen von den Menschen selbst geschoben, da es kaum Zugtiere gab. Für die schwere Arbeit gab es ein Stück Brot, eine warme Mahlzeit

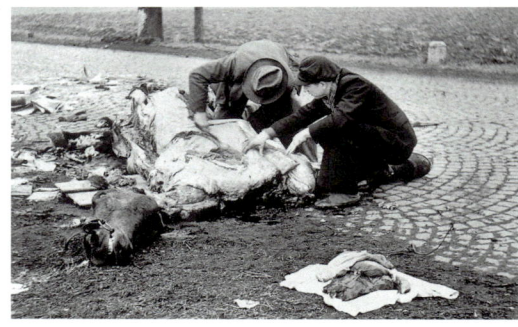

3 Ein verendetes Pferd wird auf der Landstraße ausgeschlachtet. Foto, 1945.

Neuaufbau und Wiederanfang

4 Ankunft eines „Hamsterzuges" auf dem Leipziger Hauptbahnhof. Foto, 1948.

5 Blick von der Johanniskirche über die enttrümmerte Altstadt Magdeburgs zur Ulrichskirche. Foto, Frühjahr 1953.

„Kohlenklauen" im Winter 1945/46.

und einen geringen Tageslohn. Da so viele Männer als Soldaten im Krieg umgekommen oder in Gefangenschaft geraten waren, mussten auch diese körperlich schweren Arbeiten überwiegend von Frauen geleistet werden. Inmitten der baufälligen Ruinen war dies zudem oft lebensgefährlich. Die „Trümmerfrauen" leisteten schier Unglaubliches – zumal sie meist auch noch ihre Kinder zu versorgen hatten.

3 *Versucht, den Tagesablauf einer „Trümmerfrau" zusammenzustellen.*

Gegen den Hunger

Die Zuteilungen von Lebensmitteln waren rationiert. Für einen Zeitraum von jeweils etwa vier Wochen wurden die Lebensmittelrationen von der sowjetischen Verwaltungsbehörde festgelegt und als Befehl über Aushänge der Ortsverwaltungen bekanntgegeben. Später wurden Lebensmittelkarten ausgegeben. Das reichte aber in aller Regel nur gerade zum Überleben. Besonders in den Städten gab es erhebliche Versorgungsengpässe. Kaum jemand hatte in der Stadt die Möglichkeit, z. B. Gemüse anzubauen. Daher fuhren zahllose Städter täglich ins Umland zu so genannten „Hamsterfahrten". Die Landbevölkerung produzierte in bescheidenem Rahmen Lebensmittelüberschüsse. Bei ihr versuchte man

durch Betteln, kleine Tauschgeschäfte oder Dienstleistungen Nahrungsmittel, Kleidung oder auch Brennstoffe zu ergattern, die in den Städten nicht zu bekommen waren. Zuweilen wurden aber die Felder auch schlicht geplündert oder die Bauern bestohlen. Praktisch alles wurde „gehamstert", denn nichts war ausreichend vorhanden.

4 *Fasst zusammen, welche Möglichkeiten die Menschen zur Selbsthilfe hatten.*

5 *Versetzt euch in die Lage eines betroffenen Bauern. Wie mag er die „Hamsterfahrten" bewerten?*

6 „Selbstbeschaffung" von Lebensmitteln und Brennstoffen auf dem Lande. Foto, 1946.

Im Methodenpraktikum der Klasse 8 habt ihr bereits gelernt, wie ihr Sachtexte untersuchen könnt. Hier sind noch einmal die wichtigsten Fragen zur Untersuchung eines Sachtextes aufgeführt:

1. Schritt:
Lesen und Markieren
Den Text mehrmals lesen, dabei
– unbekannte Begriffe, Fremdwörter und Schlüsselbegriffe des Textes markieren. Schlüsselbegriffe sind wichtige Wörter oder Wortgruppen, die zum Verständnis des Gesamttextes beitragen.
– unbekannte Begriffe und Fremdwörter klären.

2. Schritt:
Fragen zum Text
– Wovon handelt der Text (W-Fragen beantworten: Wer? Wo? Wann? Was? Warum?)
– Gibt es eine zentrale Fragestellung?
– Wie ist der Text gegliedert?
– Wer ist der Verfasser des Textes?
– Wo wurde der Text veröffentlicht?

3. Schritt:
Die Textaussage beurteilen
– Wo werden historische Ereignisse beschrieben?
– Wo nimmt der Autor Wertungen vor?
– Führt der Verfasser weitere Quellen oder Darstellungen an, um seine Ausführungen zu belegen?
– Wie unterstützen diese Materialien seine Aussagen.

1 *Bearbeitet den Sachtext M1 mithilfe der oben angeführten Schritte. Vervollständigt dabei Jakobs Notizen (M2).*

2 *Fasst anschließend kurz zusammen, was ihr aus dem Text über die Situation in Halle 1945 erfahren habt.*

Der Historiker Mathias Tullner schreibt in seiner Stadtgeschichte über Halle 1945:

M1 … Neuanfang in Halle
Seit Mitte Juni verdichteten sich die Gerüchte, Halle werde Bestandteil der sowjetischen Besatzungszone. Das hat bei der überwiegenden Mehrheit der Bevölkerung Angst und Schrecken ausgelöst. Nicht wenige Menschen sind spätestens mit dem Abzug der Amerikaner in die Westzonen gegangen. Die Stadtverwaltung sah sich deshalb veranlasst, die Bevölkerung zum Bleiben aufzufordern. …

Einzug der Roten Armee
Die Kommunisten bereiteten sich Ende Juni 1945 in Halle auf die Begrüßung der Roten Armee vor. Als diese am 1. Juli 1945 in Halle einzog, waren rote Fahnen aufgehängt und Flugblätter verteilt worden, die zu einem freundlichen Empfang der sowjetischen Besatzung aufforderten. Die roten Fahnen auf dem Hallmarkt und anderswo mussten nach dem eben zu Ende gegangenen langen und erbitterten Krieg bei den sowjetischen Soldaten einen merkwürdigen Eindruck hinterlassen haben. In jedem Falle zeigten die Aktionen an, dass die Kommunisten nunmehr die führende Rolle bei der weiteren Gestaltung des öffentlichen Lebens beanspruchten.

Neue Verwaltungseinheiten
Die sowjetische Besatzungsmacht errichtete mit Sitz in Halle die „Sowjetische Militäradministration"

1 **Zerstörungen im Stadtzentrum von Halle (um Brunos Warte).** Foto, 1945.

(SMA) für die „Provinz Sachsen". Mit der „Provinz Sachsen" war von den sowjetischen Militärbehörden eine neue territorial-administrative Einheit geschaffen worden. Die „Provinz Sachsen" war ein Gebilde, das aus den Regierungsbezirken Magdeburg und Merseburg der früheren preußischen gleichnamigen Provinz, dem Land Anhalt und sämtlichen Exklaven anderer Länder innerhalb dieses Territoriums bestand. Dieses Gebilde entsprach dem Plan von der Errichtung eines mitteldeutschen Landes „Sachsen-Anhalt" nach dem Vorschlag von Erhard Hübener aus dem Jahre 1929, ohne dass darauf von den sowjetischen Behörden Bezug genommen worden war. Nach der Logik dieses Planes kam die Hauptstadtfunktion der Stadt Halle zu. …

Normalisierung des Alltags
Das tägliche Leben normalisierte sich in Halle nur langsam. In den

kriegszerstörten Betrieben begannen Aufräumarbeiten, die oft unter
widrigen Bedingungen heroische
70 Arbeitsleistungen hervorbrachten.
Ein Beispiel dafür war die Wieder-
aufnahme der Produktion in der
Zuckerraffinerie. Andere Betriebe
blieben geschlossen, wie die Sie-
75 bel-Flugzeugwerke. Die Maschi-
nenbaubetriebe produzierten nach
der Kriegswirtschaft aus vor-
handenem Material allerlei Ge-
brauchsgüter. Weitgehend intakte
80 Betriebe wurden allerdings auf
Weisung der Besatzungsmacht
demontiert und in Richtung Sowjetunion abtransportiert. Davon
waren besonders Betriebe der hal-
85 lischen Metallindustrie betroffen.
Später wurden eigentlich für die
Demontage vorgesehene Betriebe
nicht mehr abgebaut, sondern in
Sowjetische Aktiengesellschaften
90 (SAG) umgewandelt. Dazu gehörte
auch die Gottfried Lindner AG.

Lebensmittelrationen
Am 1. November 1945 wurden in
95 Halle einheitliche Lebensmittelrationen eingeführt. Einem voll-
beschäftigten Arbeiter standen
danach folgende Tagesrationen zu:
400 g Brot, 30 g Nährmittel, 400 g
100 Kartoffeln, 40 g Fleisch, 30 g Fett
und 25 g Zucker. „Schwerarbeiter"
erhielten etwas größere Zuteilungen, „sonstige Verbraucher"
erheblich weniger. Die Versorgung
105 wurde mittels Lebensmittelkarten
organisiert, die jeder gemeldete
Einwohner erhielt.

Flüchtlinge
110 Ein großes Problem der Zeit nach
dem Ende des Zweiten Weltkriegs
stellten nach den zahlreichen ehemaligen Zwangsarbeitern und den
nach Halle Evakuierten zunehmend

115 die Flüchtlinge und Vertriebenen
dar. Wegen der geografischen Mit-
tellage und wegen des Charakters
als Eisenbahnknotenpunkt sowie
wegen der Situation als relativ
120 wenig zerstörte Stadt war Halle
Ziel- oder Durchgangspunkt vieler
Menschen. Sachsen-Anhalt als
Ganzes hatte schließlich etwa eine
Million Flüchtlinge und Vertriebene
125 aufzunehmen. Weit mehr sind in
den Nachkriegswirren durch Mit-
teldeutschland und Halle gezogen.
…

*Mathias Tullner, Halle 1806 bis 2006.
Industriezentrum, Regierungssitz, Bezirksstadt. Eine Einführung in die Stadtgeschichte, Halle 2007, S. 134 ff.*

2 Flüchtlinge warten auf einem Ver-
ladebahnhof auf den Weitertransport
in den Westen. Foto, 1945.

1. Schritt: unbekannte Begriffe
- Rote Armee (Z. 15)
- Militäradministration (Z. 40)
- …
- Schlüsselbegriffe: sowjetische Besatzungszone, sowjetische
  Militäradministration, Sitz Halle …

2. Schritt: Fragen zum Text
Inhalt: Der Neuanfang in Halle 1945
Frage: Welche Faktoren waren für diesen Neuanfang wichtig?
Gliederung: 1. … (Z. X–Y); 2. … (Z. X–Y); 3. … usw.
Verfasser: Mathias Tullner. Der Autor ist Historiker.
Der Textauschnitt stammt aus dem Buch …

3. Schritt: Die Textaussage beurteilen.
In diesen Textausschnitten beschreibt der Autor weitgehend
wesentliche Faktoren des Neuanfangs in Halle. Dies sind … .
In Zeile 31 ff. nimmt er eine Wertung vor …

M2 Jakobs Auswertung zum Text.

1 Einwohner von Gardelegen beerdigen unter Aufsicht amerikanischer Soldaten die Toten in Massengräbern. Foto, April 1945.

IHR STEHT VOR DEN MAUERRESTEN EINES FELDSCHEUNE, IN DER SICH AM 13. APRIL 1945 EINES DER GRAUSAMSTEN VERBRECHEN DES FASCHISMUS VOLLZOG. IN DER NACHT VOR IHRER BEFREIUNG, WENIGE STUNDEN VOR DEM EINTREFFEN DER ALLIIERTEN STREIT= KRÄFTE, WURDEN HIER BRUTAL UND UN= MENSCHLICH 1016 INTERNATIONALE WIDER= STANDSKÄMPFER GEGEN DEN FASCHISMUS BEI LEBENDIGEM LEIBE VERBRANNT. SOLLTE EUCH JEMALS IM KAMPF GEGEN FA= SCHISMUS UND IMPERIALISTISCHE KRIEGS= GEFAHR GLEICHGÜLTIGKEIT UND SCHWÄCHE ÜBERKOMMEN, SO HOLT EUCH NEUE KRAFT BEI UNSEREN UNVERGESSLICHEN TOTEN.

2 Vor den Resten der Feldscheune erinnert eine Plastik an die Ermordung der KZ-Häftlinge am 14. 4. 1945. Gedenkstätte Isenschnibbe bei Gardelegen. Foto, 12. 4. 2005.

Ermordung wehrloser Häftlinge

Am 14. April 1945 erreichten amerikanische Truppen Gardelegen. Die Stadt ergab sich kampflos. Am nächsten Tag endeckten die Truppen der 102. US-Infanterie-Division ein frisches Massengrab in der Nähe einer ausgebrannten Feldscheune. Die Ermittlungen der Amerikaner ergaben, dass am 13. April, einen Tag vor dem Einmarsch der US-Truppen, SS-Einheiten 1016 KZ-Häftlinge durch Verbrennen bei lebendigem Leib in der mit Stroh gefüllten Isenschnibber Feldscheune ermordet hatten. Die Häftlinge kamen aus dem KZ Dora-Mittelbau bei Nordhausen bzw. Rottleberode und aus anderen Konzentrationslagern. Die SS-Wachmannschaften hatten die Häftlinge auf Todesmärschen auf verschiedenen Wegen nach Gardelegen getrieben – immer auf der Flucht vor den heranrückenden Amerikanern. Bereits auf den Märschen waren über 300 Häftlinge erschossen worden. In Gardelegen wurden die Häftlinge zunächst in Kasernen der Wehrmacht untergebracht.

Am Nachmittag des 13. April 1945 befahl der NSDAP-Kreisleiter und SS-Obersturmbannführer Gerhard Thiele die Ermordung der Häftlinge in der Feldscheune.
Die Häftlinge wurden in Gruppen zu der Isenschnibber Feldscheune getrieben und unter Schüssen und Schlägen gezwungen, die Feldscheune zu betreten. Zuvor hatten die SS-Einheiten das Stroh mit Benzin getränkt. Nach der Schließung der Tore wurde die Scheune angezündet. Zunächst gelang es einigen Häftlingen, das um sich greifende Feuer mit Decken, Mänteln und anderen Hilfsmitteln zu bekämpfen. Doch die Wachmannschaften feuerten mit Maschinengewehren und Panzerfäusten auf die in Panik geratenen Häftlinge und warfen Granaten in die Scheune. Das Massaker dauerte mehrere Stunden. Nur 25 Häftlinge überlebten.
Die Wachmannschaften und Einwohner Gardelegens versuchten die Leichenberge in einem Massengrab zu verbergen, was aber nur teilweise gelang.

Haupttäter entzog sich der Strafe

Nach der Entdeckung des Massenmordes zwangen die US-Amerikaner alle Einwohner Gardelegens, die Leichen würdig zu bestatten. Diese Aktion filmten die US-Soldaten und zeigten die Szenen in einem Film „Todesmühlen", der der deutschen Bevölkerung vorgeführt wurde, um sie über die Verbrechen in den KZ aufzuklären.
Augenzeugen berichteten, dass die Amerikaner 20 an dem Massenmord beteiligte SS-Leute erschossen. NSDAP-Kreisleiter Gerhard Thiele, der das Massaker angeordnet und mit Hilfe von SS-Mannschaften durchgeführt hatte, konnte sich seiner Strafe entziehen. Er lebte unter falschem Namen bis 1994 in Düsseldorf, wo er 85-jährig verstarb. Erst nach seinem Tod wurde er enttarnt.

1 *Lest den Text und berichtet über das Massaker in der Isenschnibber Feldscheune.*
2 *Erkundigt euch über die Besuchsmöglichkeiten der Gedenkstätte und recherchiert, wie heute der Opfer gedacht wird.*

Frauenlager Salzwedel – Außenlager des KZ Neuengamme

Heidrun Behling schrieb 2005 anlässlich des 60. Jahrestag der Befreiung des Lagers Salzwedel:

M1 ... Das Frauenlager Salzwedel als Außenlager des KZ Neuengamme wurde etwa im Juli 1944 errichtet und befand sich in Salzwedel auf dem Gelände des ehemaligen Düngemittelwerkes Neukranz an der Gardelegener Straße. Es bestand aus 8 Baracken, in denen die Häftlinge untergebracht waren, und mehreren Nebengebäuden. In dem Lager waren ausschließlich jüdische Frauen inhaftiert, die als Arbeitskräfte für die Rüstungsproduktion in der „Draht- und Metallwarenfabrik Salzwedel GmbH" eingesetzt waren. ...

Die meisten Frauen, die im KZ-Außenlager waren, kamen aus Ungarn und Polen, es waren dort aber auch Frauen aus Italien, der Tschechoslowakei, aus Griechenland, aus den Niederlanden und aus Deutschland. ...

Für die Zeit, in der die Häftlinge des Frauenlagers Salzwedel als Arbeitskräfte eingesetzt waren, schwankt die Zahl von 800 bis 1500. Aus einem Krankenbericht vom 29. 3. 1945 geht hervor, dass zu diesem Zeitpunkt 1518 weibliche Häftlinge im Lager waren. Bei der Befreiung des Lagers am 14. April 1945 betrug die Zahl der Häftlinge ca. 2000, weil Ende März/Anfang April noch viele Häftlinge beim Näherrücken der Front im Zuge der Evakuierungsmärsche von anderen Lagern nach Salzwedel kamen, z. B. von Ravensbrück, Porta Westfalica und Fallersleben. Fallersleben war ebenfalls ein Außenlager des KZ Neuengamme, dort waren weibliche Häftlinge im

Volkswagenwerk zur Munitionsherstellung eingesetzt worden. ... Das Lager wurde von SS-Mannschaften bewacht. Angehörige der weiblichen SS waren auf dem Lagergelände selbst untergebracht, die männlichen SS-Aufseher wohnten außerhalb des Lagergeländes. ...

Für die Häftlinge gab es trotz schwerer körperlicher Arbeit nur die übliche Lagerverpflegung. Morgens erhielten sie eine Scheibe Brot und lauwarmen Kaffeeersatz, mittags eine wässrige Suppe und abends eine Brotscheibe. In den letzten Wochen des Bestehens des Lagers war die Ernährungssituation noch schlechter. Die hygienischen Bedingungen waren katastrophal. Es gab nur einen Waschraum und eine Toilettenbaracke für die ca. 1500 Frauen. ...

Eine offenbar geplante Vernichtung des Lagers mit allen Häftlingen wurde verhindert. Für die Häftlinge bedeutete dies, dass sie die Befreiung im Lager selbst erlebten. ... Am 14. April 1945 wurde das Lager von amerikanischen Truppen befreit. ...

Es war die Freiheit ...

Eva Braun erinnerte sich in einem Interview um 1990 an die Befreiung:

Q1 ... Wir wachten am Morgen auf, und es herrschte eine unglaubliche Stille. Der Wachturm war unbesetzt. Keine SS-Leute waren dort. Plötzlich hörten wir so etwas wie ein Gedröhn von der Straße. Nebenbei bemerkt, ich muss sagen, wir waren einfach zu schwach. Wir saßen nur um den Block herum. Wir konnten uns nicht mehr bewegen. Aber einige

1 **Befreite Frauen in der Straße vor dem Neuperver Tor.** Foto, April 1945.

Mädchen wagten sich nach draußen, Autos und Panzer kamen. Wir hörten das, wir hatten große Angst. Vielleicht würden die Deutschen wieder etwas zurückgewinnen und zurückkommen. Aber jemand schrie und sagte, es seien die Amerikaner. Die Amerikaner kamen herein und befreiten uns. Es war die Freiheit. Wir waren sehr froh und in gehobener Stimmung. Wir persönlich, d. h. meine Gruppe, wir waren zu schwach, um vor Freude zu springen und die Soldaten zu begrüßen, weil wir schon jenseits von Gut und Böse waren. Wir waren ausgedörrt, erschöpft. Wir konnten uns einfach nicht bewegen. Aber von den anderen lief jeder zu ihnen hin. ...

1 *Berichtet mithilfe der Informationen dieser Seite über die Zustände im Frauenlager Salzwedel im April 1945 und dessen Befreiung. Sucht im Netz nach weiteren Informationen.*
2 *Gestaltet eine Wandzeitung zum Thema „Zwei Tage im April 1945"* (siehe Methode S. 117).

Folgen von Flucht und Vertreibung

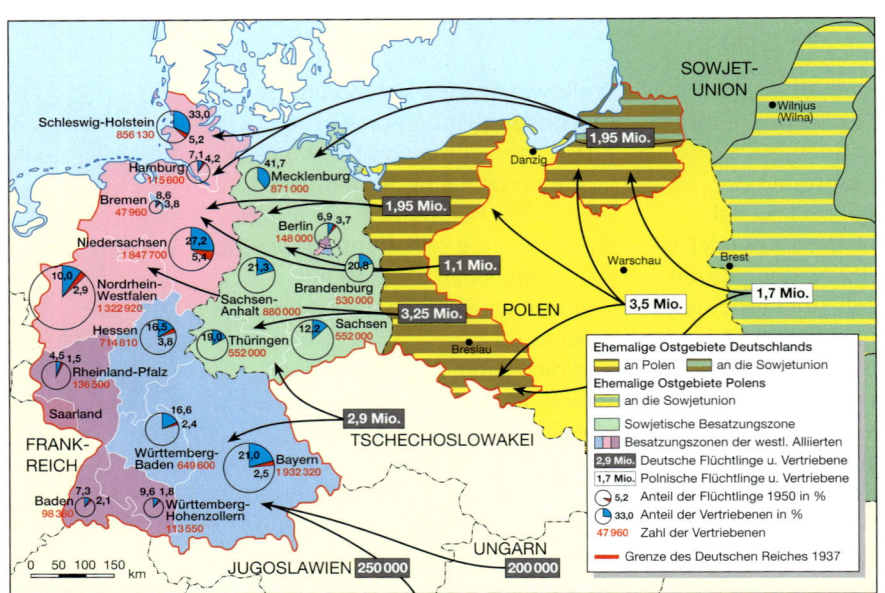

1 Fluchtbewegungen, Vertriebene und Umsiedler in der Bundesrepublik Deutschland und der DDR 1945–1950.

Vertrieben

Im April 1949 waren von den 4,3 Millionen Einwohnern Sachsen-Anhalts 1,05 Millionen Vertriebene*, das waren 24,4 Prozent der Bevölkerung. Die Länder der sowjetischen Besatzungszone (SBZ) hatten zu diesem Zeitpunkt die meisten Vertriebenen aufgenommen, nämlich 37,2 Prozent der Vertriebenen. In der britischen Zone waren es 32,8 Prozent, in der amerikanischen 28,2 und in der französischen Zone nur 1,4 Prozent. Der Anteil der Vertriebenen an der Gesamtbevölkerung lag in der sowjetischen Zone bei 24,2 Prozent, in der amerikanischen Zone bei 18,1, in der britischen bei 15,9 und in der französischen Zone bei 3 Prozent.

In den Westzonen wurde über Flucht und Vertreibung offen gesprochen, die Betroffenen wurden als Vertriebene anerkannt und in besonderer Weise unterstützt. In der sowjetischen Zone wurden die Vertriebenen als „Umsiedler" bezeichnet. Jede Erinnerung an die Vertreibung und Forderungen nach einer Rückkehr waren in der SBZ unerwünscht, da die Sowjetunion als Besatzungsmacht zugleich auch die Macht war, die die Vertreibung in ihrem Herrschaftsgebiet mit veranlasste.

1 Ermittelt mithilfe der Karte die verschiedenen Fluchtbewegungen.

Nicht willkommen

Die Flüchtlinge und Vertriebenen waren sowohl in den Westzonen wie in der SBZ nicht sehr willkommen, da die Einheimischen Wohnraum und teilweise Besitz abgeben mussten oder Abgaben zu leisten hatten. Alle Besatzungsmächte mussten die Einheimischen nicht selten zur Unterstützung der Vertriebenen zwingen. Zunächst war die Versorgung der Vertriebenen in der SBZ bis 1950 deutlich besser als in den Westzonen. Durch ihre Einbeziehung in die von der Sowjetunion betriebene Bodenreform* erhielten 91 000 Vertriebene als „Umsiedler-Neubauern" einen 8 Hektar großen Neubauernhof. 43 Prozent aller Neubauern waren Vertriebene. Ihr Anteil an der Gesamtzahl der Vertriebenen in der SBZ betrug etwa 8 Prozent.

In allen Besatzungszonen galt, was der Minister für Umsiedlerfragen, Paul Merker, 1947 für die SBZ beschrieb:

Q1 … es gibt auch künstliche Hindernisse gegen die Assimilierung*, so z.B. das Treiben von Demagogen*, die den Alteingesessenen einreden, die Umsiedler werden immer eine Last bleiben, und die immer wieder die Sehnsucht der Umsiedler nach der alten Heimat anstacheln, sie zu einer besonderen Klasse stempeln und ihnen jede Hoffnung auf den Aufbau einer Existenz in der neuen Heimat

Folgen von Flucht und Vertreibung

rauben. … Viele Beispiele warmherziger Solidarität sind vorhanden. Ungeachtet dessen gibt es aber auch in der sowjetischen Besatzungszone noch Widerstände gegen die Umsiedler. Misstrauen, Geringschätzung, Kaltherzigkeit und Bevormundung vonseiten Altansässiger. Man erschwert ihre Unterbringung in Wohnungen und ihre Versorgung mit dem nötigsten Hausrat. Es gibt Beispiele, wo die Umsiedler von der kulturellen und politischen Betätigung ausgeschlossen wurden, oder man unterlässt es, sie ernstlich für dieselbe zu gewinnen. …

Verlust der Heimat

Der Verlust der Heimat war für die Flüchtlinge und Vertriebenen das größte Problem. Dazu kam der Verlust ihres Besitzes, der Schrecken der Vertreibung und die schlechte Unterbringung und Versorgung. Die Hoffnung auf eine Rückkehr in die Heimat wurde ihnen in der DDR durch die Anerkennung der Oder-Neiße-Grenze* im Jahr 1950 zunichtegemacht. Heimattreffen der Vertriebenen wurden untersagt, Forderungen nach einer Rückkehr wurden von der SED als Angriff auf die Grenzen Polens gewertet. Jede Erinnerung an die Heimat der Vertriebenen sollte vermieden werden. Die Vertriebenen galten als ein Opfer des „Hitler-Faschismus", die die Vertreibung als Preis für die Verbrechen der Nationalsozialisten hinnehmen müssten.
Ähnlich erging es den Vertriebenen im Westen. Hier wurden die Grenzen Polens zwar erst durch die Ostverträge der Regierung Brandt 1970 anerkannt. Die von Politikern immer wieder beschworene Offenheit der Frage einer Rückkehr auf friedlichem Weg wurde nun aufgegeben. Auch im Westen sah man die Vertriebenen als Verlierer, die den Preis für den verlorenen Krieg zu zahlen hätten. Allerdings habe man sie ja vielfältig beim Wiederaufbau und der Eingliederung in die westliche Gesellschaft unterstützt.

2 *Ermittelt mithilfe der Materialien, wie die Vertriebenen und Umsiedler in den Westzonen und der SBZ 1945 aufgenommen wurden.*
3 *Befragt ältere Verwandte zu ihren Erinnerungen an die Aufnahme der Vertriebenen.*

Zentrum „Flucht, Vertreibung, Versöhnung"

Die Errichtung eines Zentrums über die Vertreibung in Berlin, das auf Initiative der Vertriebenenverbände errichtet wird, ist politisch umstritten. Der Direktor des künftigen Zentrums „Flucht, Vertreibung, Versöhnung", Manfred Kittel, erklärte im Dezember 2009 auf Fragen der Zeitschrift „Der Spiegel":

M2 SPIEGEL: Die Polen, aber auch andere Osteuropäer fürchten, dass die deutsche Schuld relativiert wird – mit einem Vertriebenen-Dokumentationszentrum nahe dem Holocaust-Mahnmal.
Kittel: Wir versuchen, die Sorgen der Nachbarn bei unserer Arbeit zu berücksichtigen. Die künftige Dokumentation schreibt ja nicht die Geschichte um und verwischt auch nicht historische Ursachen und Zusammenhänge. Hier wird nichts relativiert. …
SPIEGEL: Warum braucht die Bundesrepublik überhaupt eine zentrale Dokumentation? Das Thema findet sich in diversen Ausstellungen, an Büchern und Filmen ist auch kein Mangel.
Kittel: Das ist erst in jüngster Zeit so, nicht zuletzt angeregt durch die Diskussion um das Zentrum. Davor gab es erhebliche Defizite. Zeitweise mussten sich Vertriebene in der Bundesrepublik ein zweites Mal vertrieben fühlen – diesmal aus dem öffentlichen Gedächtnis. Die westdeutsche Mehrheitsgesellschaft bewahrte Distanz gegenüber den Vertriebenen und ihrer Erinnerungskultur. … Den meisten Menschen galt der Verlust der Ostgebiete nicht ohne Grund als historischer Preis, den man für die furchtbaren Dinge zu zahlen hatte, die im deutschen Namen und von Deutschen selbst angerichtet worden waren. Deshalb wollte niemand an dem Unrecht der Vertreibung rühren. Die Vertriebenen taten es aber. Zwischen der Schwierigkeit, sich mit den Nazi-Verbrechen zu befassen, und dem Desinteresse an den Vertriebenen besteht ein Zusammenhang. Manche sehnten sich womöglich nach einem doppelten Schlussstrich. …

4 *Verfolgt die Diskussion über das Zentrum „Flucht, Vertreibung, Versöhnung".*

Oder-Neiße-Grenze*: *die überwiegend entlang der Flüsse Oder und Lausitzer Neiße verlaufende Grenze zwischen Deutschland und Polen. Der Grenzverlauf zwischen dem besiegten Deutschland und der Volksrepublik Polen wurde durch die Oder-Neiße-Linie im Rahmen des Potsdamer Abkommens am 2.8.1945 vorbehaltlich des Abschlusses einer endgültigen Friedensregelung festgelegt. Hierdurch wurde etwa ein Viertel des deutschen Staatsgebietes in den Grenzen von 1937 abgetrennt und unter vorläufige polnische beziehungsweise sowjetische Verwaltung gestellt. 1990 wurde endgültig die Oder-Neiße-Linie als Grenze zwischen Deutschland und Polen festgelegt.*

Schauplatz Geschichte: Flüchtlinge 1945

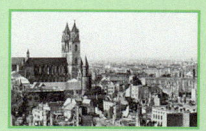

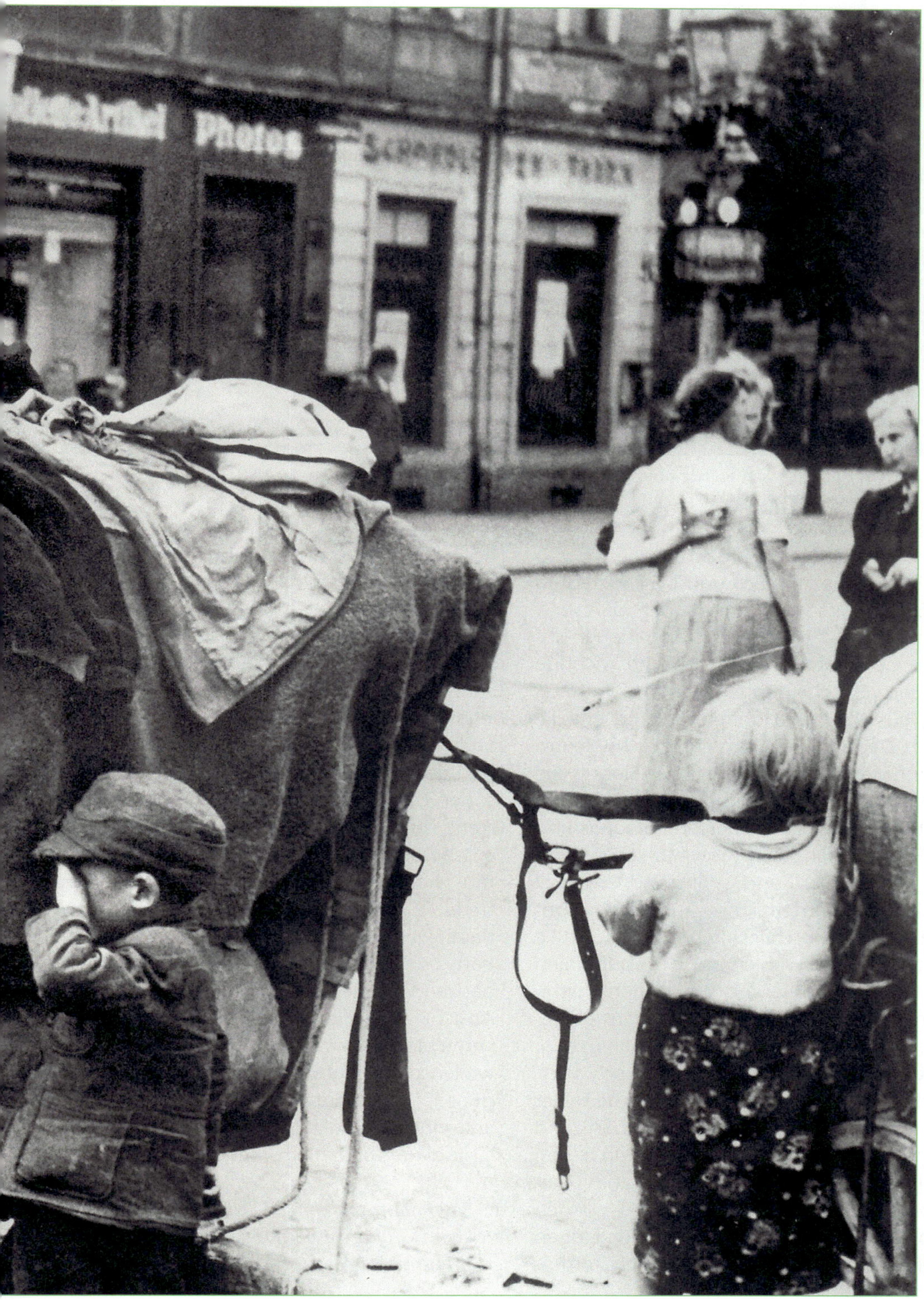

1 **Ankunft von Flüchtlingen auf dem Trachtenberger Platz in Dresden 1945.**

Die Potsdamer Konferenz und ihre Folgen

1 **An diesem runden Tisch wurde über die Zukunft Deutschlands beraten.** In der Mitte, in der weißen Uniform, ist Stalin zu sehen, links von ihm Truman, ganz links Attlee. Foto, Juli 1945.

17.7.–2.8.1945:
Potsdamer Konferenz

Die Konferenz der drei Mächte

Vom 17. Juli bis zum 2. August 1945 tagten die Führer der Sowjetunion, der USA und Großbritanniens mit ihren Delegationen im Schloss Cecilienhof in Potsdam, um wichtige politische Entscheidungen nach dem Sieg über Deutschland zu treffen. Es ging um die Zukunft Deutschlands und Europas sowie um die künftige Zusammenarbeit der Sieger. Die „Berliner Konferenz", so ihr amtlicher Name, machte die Uneinigkeit der drei Staaten und ihrer Führer Josef Stalin (Sowjetunion), Harry S. Truman (USA) und Winston Churchill (Großbritannien) deutlich. Während der Konferenz wurde Churchill durch Clement Attlee ersetzt, der die Wahlen in Großbritannien während der Konferenz gewonnen hatte. Frankreich war zu der Konferenz nicht eingeladen, billigte aber später deren Beschlüsse.

Die verschiedenen politischen und wirtschaftlichen Überzeugungen zwischen der Sowjetunion einerseits und den USA und Großbritannien andererseits, die durch den gemeinsamen Kampf gegen das nationalsozialistische Deutschland überdeckt worden waren, brachen nun voll auf. In vielen Fragen gingen die drei Mächte undeutlich formulierte Kompromisse ein.

Die Potsdamer Konferenz endete wegen der Uneinigkeit der drei Mächte nicht mit der Verabschiedung eines Vertrages, sondern nur mit der Verkündigung einer gemeinsamen Pressemitteilung, die rechtlich keine Verbindlichkeit hatte. Trotzdem waren die veröffentlichten Beschlüsse der Konferenz für alle drei Staaten zunächst eine Handlungsanleitung für ihr künftiges Vorgehen in ihrer Besatzungszone.

In der Mitteilung über die Dreimächtekonferenz von Berlin hieß es:

Q1 … Der deutsche Militarismus und Nazismus werden ausgerottet, und die Alliierten treffen … Maßnahmen, die notwendig sind, damit Deutschland niemals mehr seine Nachbarn oder die Erhaltung des Friedens in der ganzen Welt bedrohen kann. Es ist nicht die Absicht der Alliierten, das deutsche Volk zu vernichten oder zu versklaven. Die Alliierten wollen dem deutschen Volk die Möglichkeit geben, sich darauf vorzubereiten, sein Leben auf einer demokratischen und friedlichen Grundlage von neuem wiederaufzubauen. …

1 *Beschreibt Abbildung 1. Überlegt, aus welchem Grund die Verhandlungen wohl an einem runden Tisch stattfanden.*

Die Potsdamer Konferenz und ihre Folgen

Q2 ... **Politische Grundsätze**

1. Entsprechend der Übereinkunft über das Kontrollsystem in Deutschland wird die höchste Regierungsgewalt in Deutschland durch die Oberbefehlshaber der Streitkräfte ... ausgeübt, und zwar von jedem in seiner Besatzungszone sowie gemeinsam in ihrer Eigenschaft als Mitglieder des Kontrollrates* in den Deutschland als Ganzes betreffenden Fragen.

2. Soweit dieses praktisch durchführbar ist, muss die Behandlung der deutschen Bevölkerung in ganz Deutschland gleich sein.

3. Die Ziele der Besetzung Deutschlands, durch welche der Kontrollrat sich leiten lassen soll, sind:

(I) Völlige Abrüstung und Entmilitarisierung Deutschlands und die Ausschaltung der gesamten deutschen Industrie, welche für eine Kriegsproduktion benutzt werden kann, oder deren Überwachung. ...

9. (I) Die lokale Selbstverwaltung wird in ganz Deutschland nach demokratischen Grundsätzen, und zwar durch Wahlausschüsse (Räte), so schnell wie es mit der Wahrung der militärischen Sicherheit und den Zielen der militärischen Besatzung vereinbar ist, wiederhergestellt.

(II) In ganz Deutschland sind alle demokratischen politischen Parteien zu erlauben und zu fördern mit der Einräumung des Rechtes, Versammlungen einzuberufen und öffentliche Diskussionen durchzuführen.

(III) Der Grundsatz der Wahlvertretung soll in die Gemeinde-, Kreis-, Provinzial- und Landesverwaltungen, so schnell wie es durch die erfolgreiche Anwendung dieser Grundsätze in der örtlichen Selbstverwaltung gerechtfertigt werden kann, eingeführt werden.

(IV) Bis auf Weiteres wird keine zentrale deutsche Regierung errichtet werden. ...

Wirtschaftliche Grundsätze

... 11. Während der Besatzungszeit ist Deutschland als eine wirtschaftliche Einheit zu betrachten. ...

Reparationen aus Deutschland

... 1. Die Reparationsansprüche der UdSSR* sollen durch Entnahmen aus der von der UdSSR besetzten Zone in Deutschland und durch angemessene deutsche Auslandsguthaben befriedigt werden.

2. Die UdSSR wird die Reparationsansprüche Polens aus ihrem eigenen Anteil an den Reparationen befriedigen.

3. Die Reparationsansprüche der Vereinigten Staaten, des Vereinigten Königreiches und der anderen zu Reparationsforderungen berechtigten Länder werden aus den westlichen Zonen und den entsprechenden deutschen Auslandsguthaben befriedigt werden. ...

Polen

Die Häupter der drei Regierungen bekräftigen ihre Auffassung, dass die endgültige Festlegung der Westgrenze Polens bis zu der Friedenskonferenz zurückgestellt werden soll. ...

2 *Gebt die Ziele und Maßnahmen der Potsdamer Konferenz in eigenen Worten wieder. Überlegt, welche Folgen einzelne Maßnahmen für Deutschland gehabt haben könnten.*

3 *Überlegt, welche Maßnahmen möglicherweise nicht in vorgesehener Weise umgesetzt wurden. Überprüft eure Vermutungen mithilfe von historischen Sachbüchern oder solcher Darstellungen im Internet.*

4 *Prüft, ob die Grenzen Polens 1945 nur vorläufig geregelt wurden.*

Unterschiedliche Entwicklung in Ost- und Westdeutschland

Seit dem Herbst 1945 entwickelten sich die politischen und wirtschaftlichen Verhältnisse in den vier Besatzungszonen völlig auseinander. In der SBZ errichtete die Sowjetunion Schritt für Schritt eine sozialistische Gesellschaftsordnung. In den Westzonen wurde eine staatliche Ordnung nach westlichem Vorbild aufgebaut. Bereits vier Jahre nach der Konferenz von Potsdam kam es zur Gründung zweier deutscher Staaten mit unterschiedlichen Gesellschaftssystemen. Die Sowjetunion und die westlichen Staaten warfen sich gegenseitig die Verletzung der Beschlüsse von Potsdam vor. Die Schuld an der Teilung Deutschlands sahen sie jeweils auf der anderen Seite.

Alliierter Kontrollrat: das von den vier Siegermächten Großbritannien, USA, Frankreich und UdSSR gebildete Organ zur Ausübung der obersten Gewalt in Deutschland mit Sitz in Berlin. Mitglied waren die Militärgouverneure der vier Besatzungszonen. Nach dem Auszug des sowjetischen Vertreters stellte der Kontrollrat seine Tätigkeit 1948 ein.*

UdSSR: Union der Sozialistischen Sowjetrepubliken*

Abrechnung mit dem NS-Regime

1 Die Hauptangeklagten in den Nürnberger Prozessen 1945/46. In den ersten Reihen die Verteidiger, dahinter in zwei Reihen die Angeklagten. Foto, 1946.

20. 11. 1945–
14. 4. 1946:
Nürnberger Prozesse.

Die Aufarbeitung der NS-Verbrechen

In den Richtlinien des Generalstabs der amerikanischen Streitkräfte an den Oberbefehlshaber der Besatzungstruppen in Deutschland vom 26. April 1945 hieß es unter anderem:

Q1 … Das Hauptziel der Alliierten ist es, Deutschland daran zu hindern, je wieder eine Bedrohung des Weltfriedens zu werden. Wichtige Schritte zur Erreichung dieses Ziels sind die Ausschaltung des Nazismus und des Militarismus in jeder Form, die sofortige Verhaftung der Kriegsverbrecher zum Zwecke der Bestrafung … und die Vorbereitung zu einem späteren Wiederaufbau des deutschen politischen Lebens auf demokratischer Grundlage. …

Alle Mitglieder der Nazipartei, die nicht nur nominell in der Partei tätig waren, alle, die den Nazismus oder Militarismus aktiv unterstützt haben, … sollen entfernt und ausgeschlossen werden aus öffentlichen Ämtern und aus wichtigen Stellungen in halbamtlichen und privaten Unternehmungen wie (1) Organisationen des Bürgerstandes, des Wirtschaftslebens und der Arbeiterschaft, … (3) Industrie, Handel, Landwirtschaft und Finanzen, (4) Erziehung und (5) Presse, Verlagsanstalten. …

NS-Elite*:
*(frz. élite = Auslese)
die Führungsschicht
der Partei.*

1 *Fasst zusammen, mit welchen Mitteln die Amerikaner eine Demokratisierung der deutschen Bevölkerung erreichen wollten.*

Die Nürnberger Prozesse 1945/46

Mitglieder der Naziregierung, Führer der NSDAP und Befehlshaber der Wehrmacht wurden vor einen internationalen Gerichtshof in Nürnberg gestellt. Ihnen wurden Verbrechen gegen den Frieden und die Menschlichkeit vorgeworfen. Nach einjähriger Verhandlung verhängte das Gericht zwölf Todesurteile (z. B. über Hermann Göring), sieben Haftstrafen (drei lebenslange), sprach aber auch drei Angeklagte frei.

Es hat manche Kritik an der juristischen Rechtmäßigkeit dieser Verfahren gegeben, da es sich um ein einseitiges Gericht der Sieger über die Besiegten handelte und Kriegsverbrechen anderer ausgespart blieben. Sicher ist aber, dass dadurch ein großer Teil der politischen NS-Elite* ausgeschaltet wurde. Außerdem konnten in diesem Prozess die NS-Verbrechen in ihrem ganzen Ausmaß erstmalig einer breiten Öffentlichkeit sichtbar gemacht werden.

2 *Berichtet über die Nürnberger Prozesse und ihre Folgen.*

Abrechnung mit dem NS-Regime

Ausweitung der Entnazifizierung

In den einzelnen Besatzungszonen wurden danach weitere führende Militärs, SS-Leute, aber auch Wirtschaftsführer angeklagt, in den Westzonen 5133 Personen. Es gab 688 Todesurteile, aber nicht alle wurden vollstreckt. Einige Wirtschaftsführer wie Friedrich Flick oder Alfried Krupp von Bohlen und Halbach wurden schon nach erheblich verkürzter Haftzeit entlassen.

Anfang 1946 wurde das Entnazifizierungsverfahren auf die gesamte Bevölkerung ausgedehnt. So musste beispielsweise in der amerikanischen Zone jeder einen Fragebogen ausfüllen, der über die Mitgliedschaft in NS-Organisationen, aber auch über entlastende Punkte Aufschluss geben sollte.

Von „Spruchkammern", in denen unbelastete Deutsche ohne juristische Vorbildung saßen, wurde das Urteil gefällt. Es konnte in fünf Abstufungen von „unbelastet" über „Mitläufer" bis „Hauptschuldiger" lauten.

Mit so genannten Persilscheinen versuchten viele, ihre Unschuld zu beweisen. „Persilschein" nannte man eidesstattliche Erklärungen, in denen beispielsweise Juden, politisch Verfolgte oder Geistliche jemandem untadeliges Verhalten in der Nazizeit bescheinigten. Mit einem „Persilschein" wurde mit etwas finanziellem Einsatz aber auch manche „schmutzige Weste" reingewaschen.

Ein besonderes Problem lag darin, dass die Abwicklung der gesamten Entnazifizierung sehr lange dauerte. Da in der ersten Zeit sehr viel strenger vorgegangen wurde, die „größeren Fälle" oftmals aber erst später verhandelt wurden, kamen einige der schwerer Belasteten mit relativ milden Strafen davon.

3 *Schildert die Probleme der Entnazifizierung in der amerikanischen Zone.*

Entnazifizierung in der SBZ

Mit der Parole von der „Ausrottung der Überreste des Faschismus" wurden die bisherigen Eliten in Schule, Justiz, Verwaltung, Polizei und Wirtschaft radikal entmachtet und durch Sozialisten bzw. Kommunisten ersetzt. Die Kommunisten nutzten die Entnazifizierung aber auch, um politische Gegner unter schwer nachprüfbaren, oftmals konstruierten Vor-

2 **Plakat zur Anwerbung von Neulehrern in der SBZ 1945.**

wänden auszuschalten. So wurde die Entnazifizierung hier zum Mittel kommunistischer Herrschaftssicherung.

Bei der Entnazifizierung wurde klar unterschieden zwischen aktiven Nazis und Mitläufern. Bis 1948 wurden etwa 520 000 Personen aus ihren Stellungen entfernt, im Bereich der Justiz 85 Prozent des bisherigen Personals. „Volksrichter" und „Neulehrer" ohne fachliche Ausbildung, angelernt in Schnellkursen, ersetzten die bisherigen Amtsinhaber in Justiz und Schule.

Die SED ging davon aus, dass die antifaschistische Gesinnung wichtiger sei als Fachkenntnisse, die man sich erwerben könne. Andererseits wurden bereits nach wenigen Jahren auch in der DDR viele ehemalige Fachleute wieder in staatlichen Funktionen (Polizei, Militär) eingesetzt, soweit ihnen nicht konkrete Vergehen angelastet wurden und wenn sie vor allen Dingen nur glaubhaft die „richtige" Gesinnung zeigten.

4 *Beschreibt die Unterschiede des Verfahrens in der sowjetischen und amerikanischen Zone.*

5 *Erkundigt euch bei älteren Menschen nach der Entnazifizierung in eurer Stadt.*

Die UNO – bessere Konfliktregelungen?

Hauptsitz der UNO
ist New York. Heute
gehören der UNO
193 Staaten an.
Das sind fast alle
Staaten der Welt,
mit Ausnahme Tai-
wans sowie einiger
anderer Länder.

1 Die UNO-Vollversammlung in New York.

2 Sitzung des UN-Sicherheitsrates in New York.
Foto, 1994.

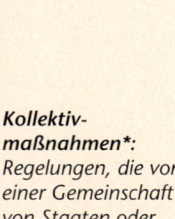

Kollektiv-
maßnahmen*:
Regelungen, die von
einer Gemeinschaft
von Staaten oder
Menschen gemein-
sam vorgenommen
werden.

Vetorecht*:
(lat. veto = „ich er-
hebe Einspruch") das
festgelegte Recht
eines einzelnen
Angehörigen einer
Institution, einen
Beschluss zu verhin-
dern, auch wenn alle
anderen Mitglieder
dafür sind.

Unterschiedliche Vorstellungen über die UNO

Noch vor dem Ende des Zweiten Weltkriegs einigten sich die USA und die UdSSR darauf, eine Weltfriedensorganisation nach dem Vorbild des Völkerbundes zu schaffen. Diese „United Nations Organization" (UNO) sollte in Zukunft dazu beitragen, weitere Kriege zu verhindern.

Die Vorstellungen über eine neue Weltfriedensordnung waren aber sehr unterschiedlich. Die Sowjetunion fürchtete ein westliches Übergewicht in der neu zu schaffenden Organisation angesichts der wirtschaftlichen Stärke der USA. Deswegen forderte sie für sich ein Widerspruchsrecht in allen wichtigen Fragen. Im Frühjahr 1945 einigten sich bei der Konferenz in Jalta die USA, die UdSSR und Großbritannien darauf, dass die USA, Großbritannien, Frankreich, die UdSSR und China im wichtigsten Organ der UNO, dem Sicherheitsrat, ein Vetorecht* erhielten. Diese Staaten sollten zugleich ständige Mitglieder des Sicherheitsrates sein.

Die Gründungserklärung der UNO

Am 26. Juni 1945 unterzeichneten 51 Staaten in San Francisco (Kalifornien, USA) die Charta der Vereinten Nationen:

Q1 … Die Vereinten Nationen setzen sich folgende Ziele:

1. den Weltfrieden und die internationale Sicherheit zu wahren und zu diesem Zweck wirksame Kollektivmaßnahmen* zu treffen, um … Angriffshandlungen und andere Friedensbrüche zu unterdrücken und internationale Streitigkeiten … durch friedliche Mittel nach den Grundsätzen der Gerechtigkeit und des Völkerrechts zu bereinigen oder beizulegen;

2. freundschaftliche, auf der Achtung vor dem Grundsatz der Gleichberechtigung und Selbstbestimmung der Völker beruhende Beziehungen zwischen den Nationen zu entwickeln …;

3. eine internationale Zusammenarbeit herbeizuführen, um internationale Probleme wirtschaftlicher, sozialer, kultureller und humanitärer Art zu lösen und die Achtung vor

Die UNO – bessere Konfliktregelungen?

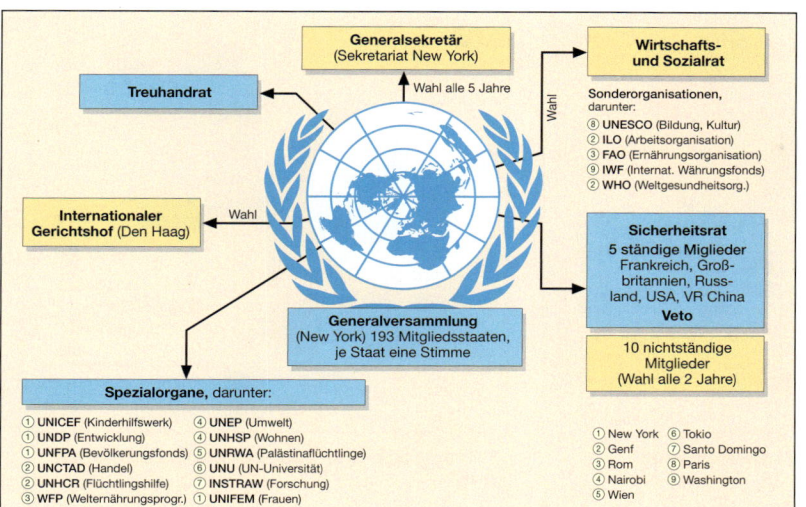

Generalsekretär (Sekretariat New York)

Treuhandrat

Wahl alle 5 Jahre

Wirtschafts- und Sozialrat

Sonderorganisationen, darunter:
- ⑧ UNESCO (Bildung, Kultur)
- ② ILO (Arbeitsorganisation)
- ③ FAO (Ernährungsorganisation)
- ⑨ IWF (Internat. Währungsfonds)
- ② WHO (Weltgesundheitsorg.)

Internationaler Gerichtshof (Den Haag)

Wahl

Wahl

Sicherheitsrat
5 ständige Miglieder
Frankreich, Groß-britannien, Russ-land, USA, VR China
Veto

Generalversammlung (New York) 193 Mitgliedsstaaten, je Staat eine Stimme

10 nichtständige Mitglieder (Wahl alle 2 Jahre)

Spezialorgane, darunter:
- ① UNICEF (Kinderhilfswerk)
- ① UNDP (Entwicklung)
- ① UNFPA (Bevölkerungsfonds)
- ② UNCTAD (Handel)
- ② UNHCR (Flüchtlingshilfe)
- ③ WFP (Welternährungsprogr.)
- ④ UNEP (Umwelt)
- ④ UNHSP (Wohnen)
- ⑤ UNRWA (Palästinaflüchtlinge)
- ⑥ UNU (UN-Universität)
- ⑦ INSTRAW (Forschung)
- ① UNIFEM (Frauen)

- ① New York
- ② Genf
- ③ Rom
- ④ Nairobi
- ⑤ Wien
- ⑥ Tokio
- ⑦ Santo Domingo
- ⑧ Paris
- ⑨ Washington

3 Organe und Gliederung der UNO.

*„Non-Violence".
1988 schenkte die
Luxemburger Regie-rung den Vereinten
Nationen die
Bronzeskulptur des
schwedischen Künst-lers Carl Fredrik
Reuterswärd. Sie
steht vor dem UNO-Sitz in New York.*

den Menschenrechten und Grundfreiheiten für alle ohne Unterschiede der Rasse, des Geschlechts, der Sprache oder der Religion zu fördern. …
Art. 41 Der Sicherheitsrat kann beschließen, welche Maßnahmen – unter Ausschluss von Waffengewalt – zu ergreifen sind, um seinen Beschlüssen Wirksamkeit zu verleihen. … Sie können die vollständige oder teilweise Unter-brechung der Wirtschaftsbeziehungen, des Eisenbahn-, See- und Luftverkehrs, der Post-, Telegrafen- und Funkverbindungen sowie sonstiger Verkehrsmöglichkeiten und den Abbruch der diplomatischen Beziehungen einschließen.
Art. 42 Ist der Sicherheitsrat der Auffassung, dass die in Artikel 41 vorgesehenen Maßnah-men … sich als unzulänglich erwiesen haben, so kann er mit Luft-, See- oder Landstreitkräf-ten die zur Wahrung oder Wiederherstellung des Weltfriedens und der internationalen Sicherheit erforderlichen Maßnahmen durch-führen …

1 *Nennt mit euren Worten die Ziele der 1945 gegründeten Weltorganisation.*
2 *Beschreibt die Machtmittel der UNO, um in Konflikte einzugreifen (Q1).*
3 *Erläutert, welche Folgen das Vetorecht für die Handlungsfähigkeit der UNO haben könnte.*

Die Organe der UNO

Das zentrale Gremium der UNO ist die Gene-ralversammlung. Sie tritt einmal im Jahr in New York zur Beschlussfassung über die wich-tigsten Fragen der Weltpolitik zusammen. Je-des Mitgliedsland hat dabei eine Stimme. Die Beschlüsse sind für die Mitglieder aber nicht bindend. Der Sicherheitsrat kann für alle Mit-gliedsstaaten verbindliche Beschlüsse fassen. Neben den ständigen Mitgliedern mit Veto-recht gehören ihm zehn nichtständige Mit-glieder an. Sie werden alle zwei Jahre mit Zweidrittelmehrheit der Generalversammlung gewählt: fünf aus Afrika und Asien, zwei aus Lateinamerika, zwei aus den westeuropä-ischen Industriestaaten und eins aus einem osteuropäischen Land. Der Sicherheitsrat kann in einem Konfliktfall die streitenden Par-teien auffordern, die Differenzen in Verhand-lungen beizulegen. Wenn dies nicht ausreicht, kann er Zwangsmaßnahmen nach Artikel 41 und 42 der UNO-Charta verhängen. Neben diesen Gremien gibt es noch viele Unter-organisationen (Kommissionen und Hilfsorga-nisationen) für die verschiedensten Bereiche der Weltpolitik (Schaubild 3).
4 *Erklärt anhand des Schaubildes den Aufbau der UNO und die Funktion der einzelnen Organe.*
5 *Sammelt Berichte über Beschlüsse des Sicherheitsrates zu aktuellen Konflikten.*

Blick nach Europa: Frankreich und Polen 1945

1 1945–1949: Frankreich – Deutschland.

2 Frankreich und Deutschland in Europa seit 1991.

provisorisch*:
vorläufig

Charles de Gaulle
(1890–1970), fran-
zösischer General
und Politiker. Wäh-
rend des Zweiten
Weltkriegs führte er
aus dem Exil in
Großbritannien die
Regierung des freien
Frankreichs an. Von
1959–1969 war er
französischer Präsi-
dent. Foto, 1940.

Indochina*:
ehemalige französi-
sche Kolonialgebiete
im Bereich des heu-
tigen Laos, Kambod-
scha und Vietnam.

Vichy-Regime*:
1940 wurde ein Teil
Frankreichs von den
Deutschen besetzt.
Das Vichy-Regime
bezeichnet die Regie-
rung im unbesetzten
Frankreich unter
Pierre Laval und
Marschall Philippe
Pétain, die mit den
Nationalsozialisten
kooperiert hatten.
Das Regime ist nach
dem damaligen Re-
gierungsort Vichy
(Auvergne) benannt.

Frankreich: Wiederaufbau des Landes

Nach der Landung alliierter Truppen in der Normandie am 6. Juni 1944 wurde Frankreich schrittweise von der deutschen Herrschaft befreit. Am 25. August 1944 mussten die Deutschen Paris räumen. Eine provisorische* Regierung unter Charles de Gaulle, der bereits den Widerstand vom Ausland aus organisiert hatte, übernahm im September 1944 die Macht. In der provisorischen Regierung waren alle Parteien vertreten, die nicht mit den Deutschen zusammengearbeitet hatten.

Die neue Regierung hatte viele Aufgaben zu bewältigen:
– den Wiederaufbau des Landes und die Errichtung von zentralen Behörden,
– die Sicherung der Versorgung,
– die Sicherung der französischen Kolonialherrschaft in Algerien und Indochina*,
– die Säuberung der Politik, Verwaltung und Justiz von Franzosen, die mit der deutschen Besatzung und der von ihr kontrollierten Regierung in Vichy* zusammengearbeitet hatten und
– die Verwaltung der französischen Besatzungszone in Deutschland und die Mitwirkung an der Nachkriegspolitik der Alliierten.

Die neue Regierung erließ ein neues Wahlrecht nach dem Verhältniswahlrecht mit dem für Frankreich neuen Stimmrecht für Frauen. Soziale Reformen führten zur Einführung eines Sozialversicherungssystems, von Betriebsrä-

ten in der Industrie und zur Verstaatlichung großer Konzerne im Bereich von Stahl, Kohle und Transport. Darunter fielen zum Beispiel die Autofirma Renault und die Fluggesellschaft Air France.

1 *Beschreibt mit euren Worten die Aufgaben, die die provisorische Regierung Frankreichs zu bewältigen hatte.*

Wahlen zur Nationalversammlung

Am 21. Oktober 1945 wählten die Franzosen ein neues Parlament, die Nationalversammlung. Seit 1936 war die Nationalversammlung nicht mehr gewählt worden. Gleichzeitig beauftragten die Wähler die Nationalversammlung, eine neue Verfassung zu erarbeiten.

Drei große Parteien konnten 75 Prozent der Stimmen auf sich vereinen. Alle drei hatten sich im Widerstand gegen die Deutschen bewährt. Die Kommunisten (PCF) erhielten 26,12 Prozent, die Sozialisten (SFIO) 23,35 und die neugegründeten Christdemokraten (MRP) 23,81 Prozent der Stimmen.

Die Regierung de Gaulle wurde von der neuen Nationalversammlung im Amt bestätigt. Im Januar 1946 trat de Gaulle als Ministerpräsident zurück, da er die wiederhergestellte „ausschließliche Herrschaft der Parteien" ablehnte.

2 *Erläutert den politischen Neubeginn in Frankreich.*

3 *Nennt mögliche Gründe für das gute Wahlergebnis von Kommunisten und Sozialisten.*

Blick nach Europa: Frankreich und Polen 1945

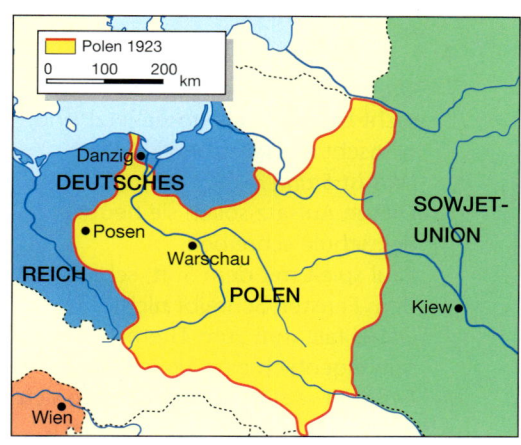

3 1923: Polen nach der Wiedererrichtung des Staates 1918/1919 und den Erweiterungen bis 1923.

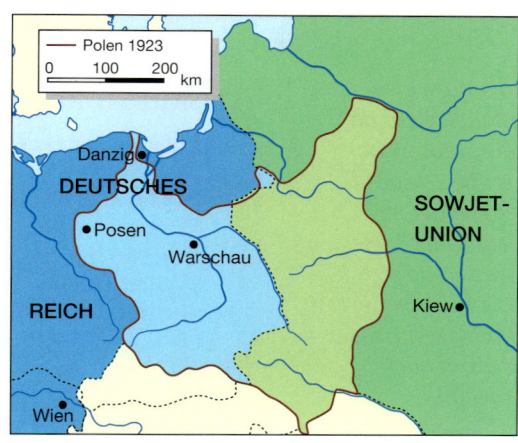

4 1939: Nach Beginn des Zweiten Weltkriegs Teilung Polens zwischen Deutschland und der Sowjetunion.

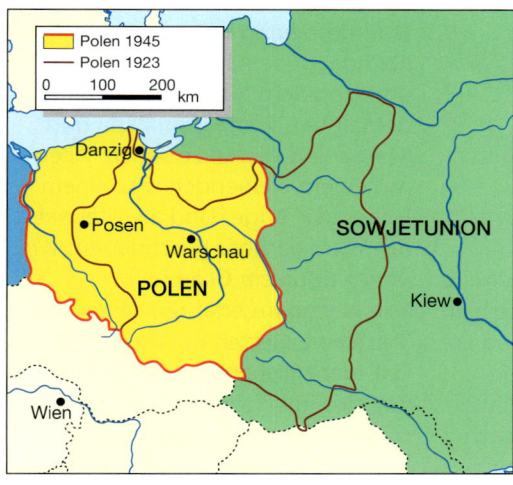

5 1945: Wiedererrichtung des Staates Polen und Westverschiebung.

Polen 1945

4 *Beschreibt anhand der Karten 3–5 das Gebiet von Polen seit der Wiedererrichtung des Staates 1918–1945.*

Mit sechs Millionen Toten, darunter 90 Prozent der jüdischen Bevölkerung, hatte Polen, gemessen an seiner Bevölkerungszahl, die größten Verluste aller Staaten infolge des Zweiten Weltkriegs erlitten. Warschau war nach dem gescheiterten Aufstand im August 1944 von den deutschen Truppen völlig zerstört worden (siehe S.11). Große Teile der Industrie des Landes und seine Infrastruktur waren vernichtet. Seit dem Herbst 1944 befreiten

russische Truppen Polen von der deutschen Herrschaft. Eine provisorische Regierung übernahm unter starker Beteiligung polnischer Kommunisten im Juni 1945 die Macht. Auf der Konferenz in Jalta billigten die Westmächte im Februar 1945, dass die Sowjetunion große Teile des von ihr eroberten Ostpolens in ihr Staatsgebiet eingliederte (Karte 5). Polen wurde nach Westen „verschoben" und mit bisher deutschen Gebieten im Westen etwa im gleichen Umfang entschädigt. Auf der Konferenz von Potsdam wurde die neue Westgrenze Polens von den drei Mächten noch als vorläufig angesehen, faktisch aber akzeptiert. Im Zuge der Neugründung Polens 1945 kam es zu umfangreichen Vertreibungen: 2,1 Millionen Polen mussten gegen ihren Willen auf Druck der Sowjetunion ihre bisherige Heimat in Ostpolen verlassen. Sie wurden in den neuen Gebieten im Westen, den bisherigen deutschen Ostgebieten, angesiedelt. Sie wurden „Repatrianten" (Rückkehrer ins Vaterland) genannt. Bis 1989 durfte über diese Vertreibung in Polen nicht offen gesprochen werden.

Polen selbst vertrieb ab Herbst 1945 7,5 Millionen Deutsche mit Gewalt aus den neuen Gebieten im Westen.

Auf Druck der Sowjetunion wurde Polen 1947 nach langen innenpolitischen Kämpfen eine kommunistische Volksrepublik.

5 *Berichtet über Polens Neubeginn im Jahr 1945.*

Der dreizehnjährige Paul und seine Familie müssen aus Breslau fliehen, da die russische Armee in die Stadt zieht. Wochenlang marschieren sie zu Fuß durch den Winter, leiden Hunger, erleben Bombenangriffe und sehen viele Tote. Nachdem sie im Westen angekommen sind, müssen die Flüchtlinge Schikanen erleiden und schwer arbeiten, aber erfahren trotz allem auch Kameradschaft und Mitgefühl.

Mama hat Kopfschmerzen. Papa gibt Paul das letzte Geld und sagt: „Geh dort in den Laden. Vielleicht haben die Aspirin."
Die Luft ist warm und flimmernd. Der Laden hat eine schön geschwungene schmiedeeiserne Eingangstür. Eine Türglocke bimmelt eine fröhliche Melodie. Paul steht vor der Theke eines alten Lebensmittelladens. Darauf steht ein großes Glas mit Himbeerbonbons. Paul läuft das Wasser im Mund zusammen. Vielleicht bekommt er gleich eines geschenkt, wie früher, als er noch klein war. Aber keiner ist da.
Da hört er aus dem Raum hinter dem Laden eine Männerstimme.
„Schon wieder ist da so ein Pack Flüchtlinge aus dem Osten angekommen. Die werden bei mir immer als Letzte bedient. Lumpengesindel. Haben sowieso kein Geld. Ich kann sie schon nicht mehr sehen. Haben nichts und wollen alles."
„Und aufpassen muss man bei denen", sagt jetzt eine zweite Männerstimme. „So welche lassen schnell mal was mitgehen."
„Habenichtse", sagt der andere, „ich trau den Brüdern nicht. Wie die schon aussehen." Und Paul sieht förmlich, wie der Mann seine Nase rümpft. Paul schaut an sich hinun-

ter: dreckig, ungepflegt. Da fühlt er sich noch schlechter.
Genau in dem Augenblick muss er niesen.
Sofort steht einer vor ihm und zischt ihn an: „Haste dich schon lange hier rumgetrieben, Lausejunge?" Und er mustert Paul von oben bis unten.
„Kommst wohl von drieben", äfft er die Sprache vieler Flüchtlinge nach.
„Nein", murmelt Paul, „ich bin gerade hereingekommen." Dann nimmt er allen Mut zusammen und fragt: „Hätten Sie wohl Kopfschmerztabletten für meine Mutter?"
„Da biste an der falschen Adresse, Jungchen. War das bei euch im Osten so?" Der andere ist jetzt dazugekommen. Beide sehen ihn hämisch grinsend an.
Da dreht Paul sich auf der Stelle um und schleicht hinaus.
Die Türklingel singt, aber nicht für ihn. Die Sonne scheint, aber nicht für ihn. Himbeerbonbons standen da, aber nicht für ihn.

Da, woher sie kommen, konnten sie nicht bleiben. Da, wo sie jetzt sind, wünscht man sie zurück. …
Was ist Stärke?
Diesen Aufsatz sollen sie heute in der Schule schreiben. …
Paul spielt mit dem Stift, schaut aus dem Fenster. Schreibt nicht.
Dabei fällt ihm zum Thema Starksein eigentlich eine Menge ein.
Er findet seine Mutter stark, die sich jeden Tag von Frau Pferdekamp – der Bäuerin, bei der sie untergekommen sind – beleidigen lassen muss und die trotzdem immer wieder sagt: „Wir haben Glück."
Er findet seinen Vater stark, der abends müde nach Hause kommt und trotzdem für Mama ein Bild gemalt hat. Paul, Susa, Papa und Mama sind darauf zu sehen. Alle mit einem weinenden und einem lachenden Auge. Und als Titel hat der Vater darüber geschrieben: *Wir haben trotzdem Glück.* …
Von Nachbarn erfahren sie manchmal kleine Gesten der Freundlichkeit, der Hilfsbereitschaft. Herr Zimmermann, der Bauer vom nächsten Hof, bewundert Papas Mut und bietet ihm eine seiner kostbaren Zigaretten an. Und Frau Zimmermann öffnet einfach ihren Kleiderschrank und teilt mit Mama. Sie haben die gleiche Größe. …
Frau Zimmermann zischt nicht „Flüchtling". Sie redet Mama mit „Frau Kollatsch" an. Und es schwingt in ihrem Worten Freude mit, dass Mama hilft, dass Mama da ist und dass es ihr schmeckt. …

Wie die Geschichte ausgeht, erfahrt ihr in dem Buch von Elisabeth Zöllner: Wir hatten trotzdem Glück. Die Geschichte einer Flucht, S. Fischer Verlag/Schatzinsel, Frankfurt a. M. 2008 (221 Seiten).

Zusammenfassung

Epochenjahr 1945

Das Jahr 1945 war ein Jahr, das den Menschen in Deutschland, in Europa und in der Welt tiefgreifende Veränderungen brachte. Historiker bezeichnen solche Jahre als Epochenjahre, da sie für den Beginn neuer, zukünftiger und langfristiger Entwicklungen stehen. Das kann man natürlich erst mit einem gewissen historischen Abstand feststellen. Die Zeitgenossen erlebten das Jahr in ihrer Gegenwart, ohne die Ereignisse in ihrer Tragweite einschätzen zu können.

Ende des Zweiten Weltkriegs

Das Ende des Zweiten Weltkriegs und die damit verbundene Befreiung von der NS-Diktatur war für alle Menschen ein tiefer Einschnitt in ihrem Leben. Dies gilt auch für die Besatzungsherrschaft und für den politischen Neuanfang unter Aufsicht der Alliierten. Das volle Ausmaß der Kriegszerstörungen und die Verbrechen der Nationalsozialisten wurde allen Menschen deutlich. Dies gilt insbesondere für die massenhafte Ermordung von Juden und die unmenschliche Behandlung von Gefangenen.

Potsdamer Konferenz

Die Potsdamer Konferenz von Juli bis August 1945 war die letzte gemeinsame große Konferenz der Sowjetunion, der USA und Großbritanniens. Sie regelte die künftige Entwicklung Deutschlands und legte die Grenzen Deutschlands und Osteuropas fest. Schnell zeigte sich die Uneinigkeit zwischen den westlichen Staaten und der Sowjetunion. Jede Besatzungsmacht verfolgte nach 1945 ihren eigenen politischen Weg.

Gründung der UNO

Die Gründung der UNO sollte dazu beitragen, den Frieden weltweit zu sichern und eine Wiederholung eines aggressiven Angriffs auf andere Völker zu verhindern. Diese Hoffnung erfüllte sich nicht. Die gegenseitige atomare Bedrohung der Großmächte sicherte aber in Europa für lange Zeit den Frieden unter Anerkennung unüberwindbarer Grenzen zwischen Ost und West.

8./9. Mai 1945

Die bedingungslose Kapitulation der deutschen Wehrmacht beendet den Krieg in Europa.

1945

Deutschland wird in Besatzungszonen aufgeteilt.

17. Juni bis 2. August 1945

Potsdamer Konferenz

26. Juni 1945

Gründung der UNO

Wichtige Begriffe

- ✓ Ende des Zweiten Weltkriegs
- ✓ Wohnungsnot, Lebensmittelknappheit
- ✓ Befreiung der KZ
- ✓ Besatzungsherrschaft
- ✓ Flucht und Vertreibung
- ✓ Potsdamer Konferenz
- ✓ UNO
- ✓ Aufgabenfelder der UNO

Was wisst ihr noch?

1 Wie endete der Zweite Weltkrieg?
2 In welcher Besatzungszone lag Sachsen-Anhalt?
3 Wie sah der Alltag der Menschen nach Kriegsende aus?
4 Was wollten die Alliierten in Potsdam regeln?
5 Wie erging es den Flüchtlingen und Vertriebenen nach ihrer Ankunft?
6 War Flucht und Vertreibung ab 1945 nur ein Problem der deutschen Bevölkerung?
7 Warum wurde 1945 die UNO gegründet?
8 Welche Aufgaben hat die UNO?

Tipps zum Weiterlesen

Willi Fährmann: Das Jahr der Wölfe, Arena, Würzburg 2012.

Peter Härtling: Reise gegen den Wind, Beltz & Gelberg, Weinheim 2008.

Klaus Kordon: Der erste Frühling, Beltz & Gelberg, Weinheim 2011.

Helga Lippelt: Abschied von Popelken oder Ein Atemzug der Zeit, Herbig, München 1994.

Paul Maar: Kartoffelkäferzeiten, Ravensburger, Ravensburg 2009.

Elisabeth Zöller: Wir hatten trotzdem Glück. – Die Geschichte einer Flucht, Fischer Taschenbuch, Frankfurt a. M. 2008.

1 Vervollständigt die Mindmap mit eurem aus dem Kapitel erworbenen Wissen.

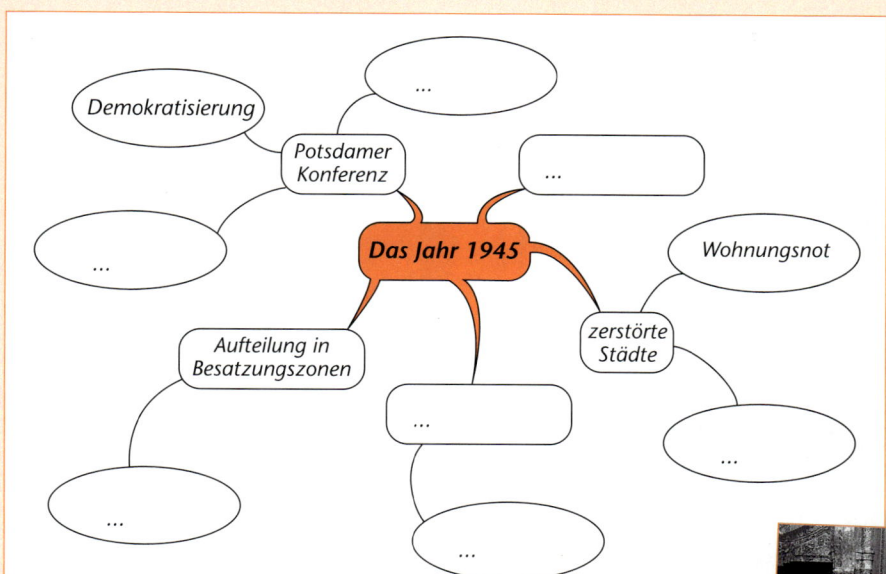

Demokratisierung

…

Potsdamer Konferenz

…

…

Das Jahr 1945

Wohnungsnot

Aufteilung in Besatzungszonen

zerstörte Städte

…

…

…

…

2 Schreibt den Text ab und füllt die Lücken mit den richtigen Begriffen.

✎ = UNO – Alliierten – Neuanfang– Kriegsschäden – zerstört – vertrieben – Epochenjahr –Trümmer – Frieden – verschobenen

Das Jahr 1945

1945 war ein ✎ . Viele Menschen standen vor dem Nichts, ihre Städte waren ✎ . Der ✎ war sehr schwierig, zunächst mussten die ✎ weggeräumt werden. Auch bei den europäischen Nachbarn Frankreich und Polen entstanden schwere ✎ . In Deutschland setzten die ✎ neue Verwaltungen ein, das politische Leben entwickelte sich langsam. Polen entstand auf einem nach Westen ✎ Territorium. Viele Menschen wurden ✎ . Die Organisation ✎ sollte weltweit den ✎ sichern.

2. Die Konfrontation der Systeme

US ARMY CHECKPOINT

1949–1989   1950–1953   1962/63

KALTER KRIEG   KOREAKRIEG   KUBA-KRISE

So wie auf diesem Foto, das 1961 in Berlin aufgenommen wurde, standen sich die Soldaten der beiden Großmächte USA und Sowjetunion in den Jahren zwischen 1947 und 1989 oft gegenüber. Dennoch vermieden beide Seiten einen offenen, „heißen" Krieg angesichts der möglichen gegenseitigen atomaren Vernichtung. Der „Kalte Krieg", wie diese Zeit daher bezeichnet wird, teilte die Welt und Europa in zwei politische Lager. Beide Vormächte, die USA und die Sowjetunion, belauerten sich gegenseitig. Zugleich respektierte man stillschweigend den seit 1945 festgeschriebenen Einflussbereich des Gegners. Im Westen entwickelten sich demokratische, freiheitliche Staats- und Gesellschaftsordnungen, im Osten sozialistische Diktaturen mit kommunistischen Einheitsparteien nach sowjetischem Vorbild.

In diesem Kapitel könnt ihr die politische Entwicklung in Europa und Asien verfolgen und untersuchen, wie es zur schrittweisen Aussöhnung der feindlichen Lager kam.

1968

1975

Ab 1987

NIEDERSCHLAGUNG DES „PRAGER FRÜHLINGS"

KONFERENZ ÜBER SICHERHEIT UND ZUSAMMENARBEIT IN EUROPA (KSZE)

ABRÜSTUNG

Der Beginn des Kalten Krieges

Die Atombombe – Waffe des Kalten Krieges:
Die USA waren nach dem Einsatz der Atombomben über Hiroshima und Nagasaki zunächst die einzige Atommacht der Welt. Die UdSSR schloss aber bis 1949 mit einer eigenen Atombombe zu den USA auf. Die Rivalität des Kalten Krieges zwischen den beiden Supermächten schlug sich in einem ständig steigenden Rüstungswettlauf nieder. Beide Seiten hatten am Ende des Kalten Krieges so viele Atomwaffen, dass damit sämtliche Länder der Erde zwanzigfach hätten vernichtet werden können.

Totalitarismus*:
Staatsform, die aufgrund einer bestimmten Ideologie für sich in Anspruch nimmt, in alle Bereiche des menschlichen Zusammenlebens hineinregieren zu dürfen.

1 Die Anti-Hitler-Koalition. Sowjetisches Plakat, 1944.

Sowjetische Einflusssicherung

Das Verhältnis zwischen den Siegermächten des Zweiten Weltkriegs verschlechterte sich schon 1945 so sehr, dass man von einem „Kalten Krieg" zu sprechen begann.
Im April 1945 erklärte Stalin hierzu:

Q1 … Dieser Krieg ist nicht wie in der Vergangenheit; wer immer ein Gebiet besetzt, der legt ihm auch sein eigenes gesellschaftliches System auf. Jeder führt sein eigenes System ein, soweit seine Armee vordringen kann. Es kann ja gar nicht anders sein. …

In den von der Sowjetunion besetzten Gebieten Osteuropas unterstützte die Sowjetunion diese kommunistischen Gruppen. Sie ließ antikommunistische Kräfte verhaften, um die schwache Verankerung der Kommunisten in der Bevölkerung zu verstärken. In Bulgarien wurden 2000 antikommunistische Führungskräfte ermordet, in Polen antikommunistische Widerstandskämpfer verhaftet und in die UdSSR deportiert. Aus allen besetzten Gebieten wurden große Mengen von Wirtschafts-

gü-tern und Erntevorräten in die Sowjetunion abtransportiert, um die dortige Not zu lindern. Entgegen den Vereinbarungen mit den Westmächten unterstützte die Sowjetunion die Ausdehnung des polnischen Gebietes auf Ostpreußen und Schlesien bis zur Oder-Neiße-Linie im März 1945 durch eine kommunistische polnische Regierung. Auf ähnliche Weise versuchte sie, in anderen osteuropäischen Staaten vollendete Tatsachen zu schaffen. Auch im Iran, in der Türkei und in Griechenland unterstützte die UdSSR kommunistische Gruppen, ebenso in Nordkorea und in der Mandschurei.

Vor dem Hintergrund dieser Politik der Sowjetunion schrieb der damalige amerikanische Botschafter in Moskau, Kennan, an den US-Präsidenten im Sommer 1945:

Q2 … Die Idee, Deutschland gemeinsam mit den Russen regieren zu wollen, ist ein Wahn. Ein ebensolcher Wahn ist es zu glauben, die Russen und wir könnten uns eines schönen Tages höflich zurückziehen und aus dem Vakuum werde ein gesundes und friedliches, stabiles und freundliches Deutschland steigen. Wir haben keine andere Wahl, als unseren Teil von Deutschland … zu einer Form von Unabhängigkeit zu führen … Besser ein zerstückeltes Deutschland, von dem wenigstens der westliche Teil als Prellbock für die Kräfte des Totalitarismus* wirkt, als ein geeintes Deutschland, das diese Kräfte wieder bis an die Nordsee vorlässt. …

Der „Eiserne Vorhang"

Zur Politik der Sowjetunion sagte der ehemalige britische Premierminister Winston Churchill am 5. März 1946:

Q3 … Von Lübeck an der Ostsee bis nach Triest an der Adria hat sich ein Eiserner Vorhang über den Kontinent gesenkt. Dahinter liegen die Hauptstädte der vormaligen Staaten Zentral- und Osteuropas: Warschau, Berlin, Prag, Wien, Budapest, Belgrad, Bukarest und Sofia. Alle diese berühmten Städte und die umwohnende Bevölkerung befinden sich in der Sowjetsphäre … und unterstehen im hohen Maße der Kontrolle Moskaus. …

„Den freien Völkern helfen"

1 Beschreibt mit euren Worten die Politik der UdSSR nach 1945.

2 Untersucht mithilfe von Q2, welchen politischen Weg der amerikanische Botschafter seiner Regierung bereits im Sommer 1945 empfiehlt.

3 Erklärt den Begriff „Eiserner Vorhang".

Die Politik der Eindämmung

Die USA antworteten auf das Vorgehen der UdSSR mit einer Politik der Eindämmung des kommunistischen Einflusses, der „Containment*-Politik". Im Iran, in Griechenland und in der Türkei verhinderten sie durch massive Unterstützung westlicher Gruppen eine kommunistische Machtübernahme.

Vor dem Hintergrund der sich in China abzeichnenden Machtübernahme der Kommunisten und der Vorgänge in Europa erklärte Präsident Truman am 12. März 1947 vor dem US-Kongress:

Q4 … Im gegenwärtigen Abschnitt der Weltgeschichte muss fast jede Nation ihre Wahl in Bezug auf ihre Lebensweise treffen. Nur allzu oft ist es keine freie Wahl. Die eine Lebensweise gründet sich auf dem Willen der Mehrheit und zeichnet sich durch freie Institutionen, freie Wahlen, Garantie der individuellen Freiheit, Rede- und Religionsfreiheit und Freiheit vor politischer Unterdrückung aus. Die zweite Lebensweise gründet sich auf dem Willen einer Minderheit, der der Mehrheit aufgezwungen wird. Terror und Unterdrückung, kontrollierte Presse und Rundfunk, fingierte* Wahlen und Unterdrückung persönlicher Freiheit sind ihre Kennzeichen. Ich bin der Ansicht, dass es die Politik der USA sein muss, die freien Völker zu unterstützen, die sich der Unterwerfung durch bewaffnete Minderheiten oder durch Druck von außen widersetzen. … Ich bin der Ansicht, dass unsere Hilfe in erster Linie in Form wirtschaftlicher und finanzieller Unterstützung gegeben werden sollte. … Die Saat der totalitären Regime gedeiht in Elend und Mangel. … Sie wächst sich vollends aus, wenn in einem Volk die Hoffnung auf ein besseres Leben ganz erstirbt. …

2 „The Rock". Die Personen stellen die Vertreter der Siegermächte im Zweiten Weltkrieg, Truman (USA), Churchill (Großbritannien) und Stalin (UdSSR) dar. Karikatur in der Zeitung „Daily Herald" vom 13. Februar 1945.

3 „Entwurf für ein Siegerdenkmal". Die Personen stellen die Vertreter der Siegermächte im Zweiten Weltkrieg, Truman (USA), Churchill (Großbritannien) und Stalin (UdSSR) dar. Karikatur der „Schweizer Illustrierten" vom 11. April 1945.

4 Interpretiert die Karikaturen mithilfe der Methode „Karikaturen deuten" auf S. 115.

5 Setzt die beiden Karikaturen miteinander in Beziehung und beschreibt die Veränderung.

6 Gebt die Ziele der amerikanischen Politik 1947 (Q4) mit euren Worten wieder.

Containment:*
(engl. = Eindämmung): Politik des westlichen Verteidigungsbündnisses.

***Die Kluft zwischen Ost und West vertieft sich** durch Vorwürfe und Verdächtigungen. Karikatur, 1945.*

fingiert:*
scheinbar, vorgetäuscht.

1 **1952 in der Bundesrepublik Deutschland verbreitetes Plakat.**

2 **1952 in der DDR verbreitetes Plakat.** Es bezieht sich auf den amerikanischen General Matthew Ridgway, dem 1952 u. a. die in der Bundesrepublik Deutschland stationierten Truppen der Siegermächte USA, Großbritannien und Frankreich unterstanden.

Feindschaft in Bildern

Schon bald nachdem die siegreichen Alliierten des Zweiten Weltkriegs Deutschland besetzt hatten, bestimmten gegensätzliche politische Interessen zwischen den drei Westmächten und der Sowjetunion ihren Umgang miteinander. Deutschland wurde schnell zu einem der Schauplätze, an dem ihre wachsende Feindschaft zu spüren war, auch wenn sie nicht mit Waffen ausgetragen wurde: Mithilfe abschreckender Bild- und Wortschöpfungen verunglimpften Anhänger beider Regime die jeweils andere Seite. So gingen Schlagwörter wie „schrecklicher Iwan" „Amisöldner" oder „rote Flut" in die Sprache der Deutschen ein – je nachdem, in welchem Teil Deutschlands sie lebten. Feindbilder nahmen Einfluss auf die Vorstellungen der Menschen – nicht nur über die Großmächte USA und Sowjetunion, sondern auch über beide deutsche Staaten.

Der Historiker Wolfgang Benz schrieb 2001 über westliche Feindbilder im Kalten Krieg:

Q1 … Wir wussten …, dass die Kommunisten in der Ostzone hausten, … ein fernes Land, von dem die Eltern mit Abscheu sprachen, denn dort geschahen geheimnisvolle Gräueltaten … (Es) war alles so schlimm, dass man bösen Menschen im heimatlichen Westen, wenn sie etwas besonders Schlechtes getan hatten, empört riet, „nach drüben in die Ostzone" zu gehen, wie die Umschreibung für Hölle lautete …

3 Plakat aus der **DDR, 1950.** Es bezieht sich auf einen angeblichen Kartoffelkäferabwurf der Amerikaner über der DDR.

4 Plakat der CDU zur ersten Bundestagswahl 1949.

Propaganda im Kalten Krieg

In allen kriegführenden Staaten stellten sich die Hersteller von Plakaten in den Dienst ihrer Regierungen, um ihr Land zu unterstützen. Durch die Analyse von Plakaten aus verschiedenen Ländern zu einem Thema kann man die Gemeinsamkeiten und die Unterschiede politischer Propaganda herausfinden. Zu den Plakaten kann man folgende Fragen stellen:

1. Schritt:
Bild beschreiben

– Um welche Art Bild handelt es sich (Plakat, Postkarte usw.)?
– Was ist abgebildet (Bildbeschreibung)?
– Wie ist es abgebildet (Foto, Zeichnung, Schrift)?
– Was verstehe ich nicht (z. B. Symbole)?

2. Schritt:
Absicht klären

– Von welcher Seite stammt das Plakat?
– Wer soll beeinflusst werden?
– Wozu soll der Leser oder Betrachter gebracht werden?

3. Schritt:
Art der Darstellung

– Mit welchen Mitteln arbeitet die Darstellung (Übertreibung, Lächerlichmachen, Angst einflößen, Gefühle wecken usw.)
– Wie werden Personen bzw. der Gegner dargestellt?
– Welche Symbole und Farben werden verwendet und was bedeuten sie?

4. Schritt:
Beurteilung

– Wie ist die Darstellung zu beurteilen? Ist sie bösartig, verletzend, ehrlich, irreführend?
– Ist die gewünschte Beeinflussung vermutlich erreicht worden?

1 *Bildet vier Gruppen und untersucht mithilfe der Schritte arbeitsteilig die Abbildungen 1–4.*
2 *Vergleicht anschließend eure Ergebnisse. Worin ähneln sich die Beispiele, wo gibt es Unterschiede?*

Der Marshallplan und seine Folgen

Institutionen*:
öffentliche Einrichtungen mit staatlicher oder kirchlicher Trägerschaft.

Investitionsgüter*:
Güter, die der Produktion dienen.

Der Marshallplan von 1948 bis 1952:

Großbritannien
3,6 Mrd. Dollar

Österreich
0,6 Mrd. Dollar

Frankreich
3,1 Mrd. Dollar

Griechenland
0,8 Mrd. Dollar

Italien
1,6 Mrd. Dollar

Belgien/Luxemburg
0,6 Mrd. Dollar

Niederlande
1,0 Mrd. Dollar

Verschiedene
1,8 Mrd. Dollar

Westzonen, Bundesrepublik Deutschland
1,5 Mrd. Dollar

5. Juni 1947:
Verkündung des Marshallplans.

Doktrin*:
politischer Lehrsatz.

1 Werbung für den Marshallplan im Westen. Plakat, 1950.

Der Marshallplan

Am 5. Juni 1947 verkündete der US-Außenminister Marshall ein Hilfsprogramm für den Wiederaufbau Europas (European Recovery Program), in das alle Länder einschließlich der UdSSR einbezogen sein sollten, wenn sie die Bedingungen des Programms annähmen. Damit sollte die von Präsident Truman angekündigte Politik (siehe S. 37, Q4) verwirklicht werden.

Marshall sagte hierzu:

Q1 … Die Wahrheit ist, dass die Bedürfnisse Europas für die nächsten drei oder vier Jahre an ausländischen Nahrungsmitteln und anderen lebenswichtigen Produkten, in der Hauptsache aus Amerika, um vieles größer sind als die gegenwärtige Fähigkeit Europas, dafür zu bezahlen. Europa muss deshalb eine wesentliche zusätzliche Hilfe erhalten. … Unsere Politik ist nicht gegen irgendein Land oder irgendeine Doktrin*, sondern gegen Hunger, Armut, Verzweiflung und Chaos gerichtet. Ihr Zweck soll es sein, die Weltwirtschaft wiederherzustellen, um das Entstehen politischer und sozialer Verhältnisse zu er-

möglichen, unter welchen freie Institutionen* existieren können. …

Die amerikanische Hilfe bestand in langfristigen Krediten und der Lieferung von Investitionsgütern* und Lebensmitteln. Ihre Annahme setzte die Beibehaltung oder Wiederzulassung der freien Marktwirtschaft voraus. Nach der Rede Marshalls legten 16 europäische Länder einen Entwurf für ein Aufbauprogramm vor. Der Marshallplan hatte in den westeuropäischen Ländern günstige psychologische und wirtschaftliche Folgen. Er verstärkte hier den begonnenen Wiederaufbau und legte in Westdeutschland die Grundlage für das spätere „Wirtschaftswunder".

Die UdSSR untersagte den osteuropäischen Ländern und der sowjetischen Besatzungszone Deutschlands die Teilnahme, weil sie im Marshallplan ein Mittel zur direkten Einflussnahme auf die Politik der Länder Osteuropas sah. Auch widersprach die Forderung nach Zulassung der freien Marktwirtschaft völlig den Vorstellungen von einer sozialistischen Wirtschaftsordnung.

1 *Erklärt, welche Ziele die USA mit dem Marshallplan verfolgten und warum die UdSSR den osteuropäischen Staaten die Teilnahme untersagte.*

2 **Lebensmittelpaket der Organisation CARE.**
Die private amerikanische Wohltätigkeitsorganisation „Cooperative for American Remittance to Europe" verteilte in den Jahren 1946 und 1947 fünf Millionen Lebensmittelpakete in Deutschland.

Der Marshallplan und seine Folgen

Die Antwort der UdSSR

Als Antwort auf den Marshallplan gründete die UdSSR ein Kommunistisches Informations-büro (KOMINFORM), mit dem die Arbeit der kommunistischen Parteien Osteuropas besser kontrolliert und organisiert werden sollte.

Der sowjetische Delegierte Malenkow erklärte auf der Gründungsversammlung des KOMIN-FORM im September 1947 zur Politik der Sowjetunion und der USA:

Q2 … Es bildeten sich zwei entgegengesetzte Richtungen in der internationalen Politik heraus. Die eine Politik wird von der Sowjet-union und den Ländern der neuen Demo-kratie verfolgt. Die Außenpolitik der Sowjet-union und der demokratischen Länder ist auf die Untergrabung des Imperialismus, auf die Sicherstellung eines festen demokratischen Friedens zwischen den Völkern und auf den größtmöglichen Ausbau der freundschaft-lichen Zusammenarbeit der friedliebenden Völker gerichtet. …

In der anderen Richtung der internationalen Politik ist die herrschende Clique der ame-rikanischen Imperialisten führend. In dem Bestreben, die Position zu festigen, die das amerikanische Monopolkapital* während des Krieges in Europa und Asien erobert hat, hat diese Clique nun den Weg der offenen Expansion betreten, den Weg der Verskla-vung der geschwächten kapitalistischen Länder Europas, … den Weg der Vorberei-tung neuer Kriegspläne gegen die UdSSR und die Länder der neuen Demokratie, wobei sie sich des Vorwandes eines Kampfes gegen die „kommunistische Gefahr" bedient. Den klarsten und konkretesten Ausdruck fand diese Politik in den Plänen von Truman und Marshall. …

2 Erläutert, welche Ziele Malenkow der amerikanischen Politik zuschreibt.
3 Beurteilt Malenkows Darstellung der sowjetischen Politik mithilfe von Q1.
4 Klärt, welche Länder mit der Bezeichnung „Länder der neuen Demokratie" gemeint sind. Betrachtet dazu auch die Karte 1 auf S. 42.
5 Untersucht die Plakate 1 und 3 mithilfe der Schritte auf S. 39 und erarbeitet, welche Perspektive sie jeweils zeigen.

3 SED-Plakat von 1947.

Die politische Situation 1947/48

Im November 1947 schrieb ein hoher ame-rikanischer Beamter dem US-Außenminister einen Brief, in dem er die politische Situation bewertete:

Q3 … Der politische Vormarsch der Kommu-nisten in Westeuropa konnte wenigstens zeitweise aufgehalten werden. Dies ist das Ergebnis mehrerer Faktoren, von denen einer die Aussicht auf US-Hilfe ist. … Der Stillstand des kommunistischen Vormarsches zwingt Moskau, seinen Einfluss in Osteuropa zu konsolidieren*. …

Alles in allem muss unsere Politik darauf ausgerichtet sein, ein Kräftegleichgewicht in Europa und Asien wiederherzustellen. Das bedeutet, dass wir … darauf bestehen müs-sen, Westdeutschland von kommunistischer Kontrolle freizuhalten. Wir müssen dann sehen, dass es besser in Westeuropa integriert wird. …

6 Schreibt mit euren Worten auf, welche politische Entwicklung der Beamte erwartet und was er daraus folgert. Seht euch dazu die Karte 1 auf S. 42 an.

George Marshall
(geb. 31. 12. 1880, gest. 16. 10. 1959) war von 1947 bis 1949 amerikanischer Außenminister und 1950/51 Verteidi-gungsminister der USA.

Monopolkapital:*
im Sinne der Wirt-schaftstheorie von Karl Marx Bezeich-nung für die Unter-nehmen, die aufgrund ihrer marktbeherr-schenden Stellung ohne Konkurrenten hohe Gewinne erzielen können.

konsolidieren:*
in seinem Bestand sichern, festigen.

Blockbildung

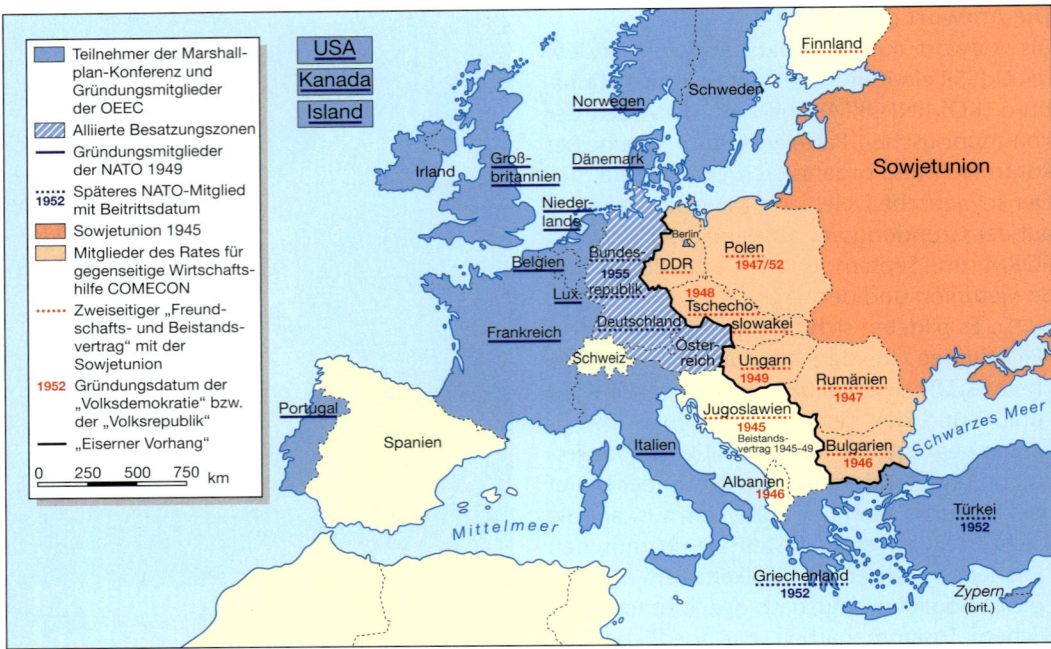

Legende:
- Teilnehmer der Marshallplan-Konferenz und Gründungsmitglieder der OEEC
- Alliierte Besatzungszonen
- Gründungsmitglieder der NATO 1949
- Späteres NATO-Mitglied mit Beitrittsdatum (1952)
- Sowjetunion 1945
- Mitglieder des Rates für gegenseitige Wirtschaftshilfe COMECON
- Zweiseitiger „Freundschafts- und Beistandsvertrag" mit der Sowjetunion
- 1952 Gründungsdatum der „Volksdemokratie" bzw. der „Volksrepublik"
- „Eiserner Vorhang"

0 250 500 750 km

1 Blockbildung in Europa nach dem Zweiten Weltkrieg.

Westliche und östliche Bündnisse

In der Zeit von 1945 bis 1948 schloss die UdSSR Freundschaftsverträge und militärische Beistandsverträge mit Polen, Rumänien, Ungarn, Bulgarien, Jugoslawien und der Tschechoslowakei. Dadurch entstand ein politisches Bündnis, der so genannte Ostblock, in dem die UdSSR die allein bestimmende Macht war. Jugoslawien wurde 1949 aus diesem Bündnis ausgeschlossen, da es sich weigerte, die Vorherrschaft der UdSSR anzuerkennen. Mithilfe amerikanischer Kredite konnte Jugoslawien seinen Wiederaufbau zu einem eigenständigen sozialistischen Staat fortführen.

„Volksdemokratische" Umwälzung in Osteuropa

In der Tschechoslowakei regierte seit 1945 eine Koalitionsregierung aus Kommunisten und bürgerlichen Politikern unter einem kommunistischen Ministerpräsidenten. Als diese Regierung beabsichtigte, sich am Marshallplan zu beteiligen, wurde sie im März 1948 auf Drängen der UdSSR handstreichartig durch eine rein kommunistische Regierung ersetzt. Die nichtkommunistischen Parteien wurden aufgelöst. Staat, Gesellschaft und Wirtschaft wurden nach dem Muster anderer osteuropäischer Staaten „umgeformt" und in eine „sozialistische Volksrepublik" umgewandelt. Die Macht lag allein bei der kommunistischen Partei. Mit dieser politischen Strategie schuf Stalin in den folgenden Jahren in Ost- und Südosteuropa eine Gruppe von Staaten, die von der UdSSR abhängig waren und mit der Sowjetunion den „Ostblock" bildeten. Zweiseitige „Freundschafts- und Beistandsverträge" ermöglichten dort die Stationierung sowjetischer Truppen.

2 Proklamation der NATO (North Atlantic Treaty Organization) am 4. April 1949 in Washington. Das Foto zeigt US-Präsident Truman und seinen Staatssekretär Dean Acheson bei der Unterzeichnung der Papiere.

Blockbildung

Gründung der NATO

Die Ereignisse in der Tschechoslowakei im März 1948 waren der Auslöser für die Gründung einer militärischen Organisation der westlichen Staaten unter Führung der USA. Sie erweiterten ihr bisheriges militärisches Bündnis vom März 1948 (Frankreich, Großbritannien, Benelux*-Staaten) zur NATO (North Atlantic Treaty Organization):

Q1 … §5 Die Parteien vereinbaren, dass ein bewaffneter Angriff gegen eine oder mehrere von ihnen in Europa oder Nordamerika als ein Angriff gegen sie alle angesehen wird …

1 Stellt mithilfe der Karte fest, welche Staaten zu welchem Zeitpunkt ein militärisches Bündnis mit der UdSSR hatten.
2 Untersucht mithilfe der Karte, welche Staaten 1949 zur NATO gehörten.
3 Zeigt den Verlauf des „Eisernen Vorhangs".

Warschauer Pakt

Als Antwort auf die westlichen Bündnisse schlossen sich Mitte Mai 1955 sieben Staaten des Ostblocks zu einem Militärbündnis unter sowjetischer Führung (Warschauer Pakt) zusammen. 1956 wurde die DDR in dieses Bündnis aufgenommen.

Verschärfung der Konfrontation

Der deutsche Historiker Wilfried Loth schrieb 1980 über die Entstehung der beiden Blöcke:

Q2 … Die Auseinandersetzung zwischen Ost und West wurde nicht länger als bloßes machtpolitisches Ringen um Einflusssphären und Sicherheitsansprüche verstanden, sondern immer mehr als existenzieller Kampf zwischen gegensätzlichen Gesellschaftsordnungen und Lebensformen … Obwohl es zunächst auf beiden Seiten nicht an Unsicherheit darüber fehlte, wie das eigene Lager organisiert und der Schutz vor der Gegenseite garantiert werden sollte, führte jede Krise der beiderseitigen Beziehungen … zu einer weiteren Verschärfung. …

4 Erarbeitet anhand von Tabelle 3, wie sich die Blockbildung in der Entwicklung der Handelsbeziehungen widerspiegelt.

Jahr	US-Exporte	US-Importe
1947	335,3	108,2
1948	122,7	113,0
1949	61,7	67,5
1950	26,4	80,5
1951	2,7	63,8
1952	0,5	32,3
1953	0,6	29,9
1954	5,9	42,4
1955	7,2	55,5

3 Handelsbeziehungen der USA mit Osteuropa und der UdSSR (in Mio. US-Dollar).

5 Untersucht anhand von Q2, welche Schritte der Blockbildung der Autor nennt und wie er die zunehmende Verschärfung erklärt.

Welthandel und GATT

Am 23. Oktober 1947 wurde von 23 Staaten in Genf ein „Allgemeines Zoll- und Handelsabkommen" (GATT*) verabschiedet. Es sollte weltweit bessere Handelsbedingungen und leichtere Zugänge zu Rohstoffen schaffen. Ursprünglich war es als Vorstufe für eine UNO-Organisation mit gleichen Zielen gedacht. Die Umsetzung der so genannten Havanna-Charta, die auch von der Sowjetunion und von Entwicklungsländern unterschrieben worden war, scheiterte aber am Widerstand des amerikanischen Kongresses und mehrerer westlicher Regierungen. Sie befürchteten eine Majorisierung* durch die steigende Zahl der Entwicklungsländer. Mit zunehmendem Ost-West-Gegensatz gaben dann auch die UdSSR und weitere Länder aus ihrem Machtbereich die Mitarbeit auf und gründeten einen eigenen Wirtschaftsblock (COMECON, siehe Karte). Das GATT wird von Historikern deshalb übereinstimmend als ein weiterer Schritt in der Verfestigung des Ost-West-Konflikts angesehen.

6 Erläutert anhand der Informationen auf dieser Seite die Rolle der wirtschaftlichen Faktoren für die zunehmende Polarisierung zwischen Ost und West.

4. April 1949:
Gründung der NATO. Die Bundesrepublik Deutschland tritt ihr 1955 bei.

Benelux*:
Abkürzung für Belgien, Niederlande und Luxemburg.

GATT*:
(engl. General Agreement on Tariffs and Trade = Allgemeines Abkommen über Zölle und Handel): wirtschaftliche Liberalisierung durch Abbau von Importverboten, -beschränkungen und Zöllen.

Majorisierung*:
eine Minderheit durch Stimmenmehrheit überstimmen oder zu etwas zwingen.

Streit der Systeme in Kultur und Wissenschaft

Kunst von Roy Lichtenstein: M-Maybe (1965).

Denkmal: „Arbeiter und Kolchosbäuerin".

„Krieg der Sterne" (Star Wars): Szene mit C3 PO (li.) und R2 D2, 1977.

Sänger und Filmidol: Elvis Presley (um 1958).

Ballett: „Schwanensee"-Aufführung des Bolschoi-Theaters.

Kultur und Lebensart

Seit den 1950er-Jahren entwickelte sich in den USA mit dem wirtschaftlichen Aufschwung ein neues Lebensgefühl, das nach Westeuropa „exportiert" und dort von vielen Menschen gern übernommen wurde: Der Rock 'n' Roll, eine rebellische, lebensfrohe Musik, begeisterte vor allem die Jugend. Die Pop-Art, eine neue Kunstrichtung, die sich vor allem in den 1960er-Jahren verbreitete, wandte sich von den traditionellen Themen der Kunst ab, bediente sich der Mittel der Werbung und des Comics und machte Alltägliches bildwürdig: Suppendosen und Zahnpastatuben wurden zu Motiven der Kunst und durch drucktechnische Verfahren in Serien verbreitet. Auch die Graffiti-Kunst entstand in diesem Umfeld. Die Unterhaltungsindustrie machte Mickey Mouse, Charlie Brown und andere Comicfiguren in aller Welt bekannt, und Science-Fiction-Helden bestanden im Film Abenteuer in fernen Galaxien.

Dieser eher oberflächlichen amerikanischen Kultur stand eine traditionsgebundene, ernste sowjetische Kunst und Kultur gegenüber: Im Westen waren vor allem die seit 1956 auch im Ausland auftretenden klassischen Tänzerinnen und Tänzer des Moskauer Bolschoi-Theaters berühmt, ebenso der Donkosakenchor mit seinen schwermütigen Liedern. Maler und Bildhauer verherrlichten in ihren Werken im Sinne des so genannten „Sozialistischen Realismus"* die Taten der Menschen für ihr Vaterland und für den Aufbau des Kommunismus: Oft stellten sie Arbeiterinnen und Arbeiter in Heldenpose dar.

1 *Betrachtet die Abbildungen und findet zutreffende Adjektive. Ordnet sie den kulturellen Ausrichtungen in Ost und West zu.*

2 *Erstellt eine Collage, die Einflüsse amerikanischer Lebensart in unserem Alltag zeigt.*

Streit der Systeme in Kultur und Wissenschaft

12.4.1961:
Juri Gagarin (sowjetischer Kosmonaut) fliegt als erster Mensch ins All.

18./19.3.1965:
Alexej Leonow (sowjetischer Kosmonaut) schwebt als erster Mensch frei im All.

20.2.1962:
John Glenn umkreist als erster Amerikaner in einer Weltraumkapsel die Erde.

21.7.1969:
Die Amerikaner Neil Armstrong und Edwin Aldrin betreten als erste Menschen den Mond.

Der Wettstreit im All

Am 4. Oktober 1957 sorgte ein schwaches Signal aus dem All für Unruhe. Ausgesendet wurde es von „Sputnik": Zum ersten Mal war es Wissenschaftlern gelungen, einen Satelliten in die Erdumlaufbahn zu bringen. Er umrundete die Erde in 96 Minuten. Das Ereignis versetzte vor allem die westliche Welt in helle Aufregung, denn „Sputnik" war ein sowjetischer Satellit. War man im Westen bisher von der militärischen, wissenschaftlichen und technischen Überlegenheit der USA ausgegangen, musste man nun erkennen, dass die Sowjetunion in der Weltraumtechnik über einen großen Vorsprung verfügte. Schlagzeilen sprachen vom „Sputnik-Schock". Die USA setzten mit hohen Investitionen umgehend alles daran, diesen Vorsprung der Sowjetunion wieder wettzumachen: Im Weltraum der Beste zu sein, wurde zu einer der ersten Fragen des nationalen Prestiges. Nach dem Weltraumflug Juri Gagarins im April 1961 hieß es in einer Erklärung des Ministerrats der UdSSR:
Q1 … Der erste Mensch, der in den Kosmos vorgestoßen ist, ist ein Sowjetmensch. … In dieser Heldentat … verkörpern sich der Ge-

nius des Sowjetvolkes und die machtvollen Kräfte des Sozialismus. … Unser Land hat alle anderen Staaten der Welt überflügelt und als erstes den Weg in den Kosmos gebahnt.

Neue Ziele

Seit den 1970er-Jahren richtet sich das Forschungsinteresse beider Seiten zunehmend auf die Entwicklung von Raumstationen und wiederverwendbaren Raumgleitern. Mit der Ankopplung einer sowjetischen an eine amerikanische Raumkapsel in einer Höhe von 225 Kilometern über der Erdoberfläche kam es 1975 sogar zu Bekundungen politischer Entspannung. Doch erst nach dem Ende des Kalten Krieges, das 1992 mit der Auflösung der Sowjetunion eintrat, war der „Wettlauf im All" zu Ende.

3 *Erläutert, warum der Weltraumtechnik ein so großer Stellenwert beigemessen wurde.*
4 *Lest Q1 und erklärt, wie der Vorsprung im Weltraum hier gedeutet wird.*
5 *Informiert euch im Internet über aktuelle Ziele in der Raumfahrttechnik.*

Schauplatz Geschichte: Karl-Marx-Allee und Hansaviertel

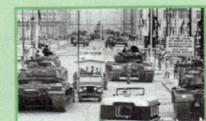

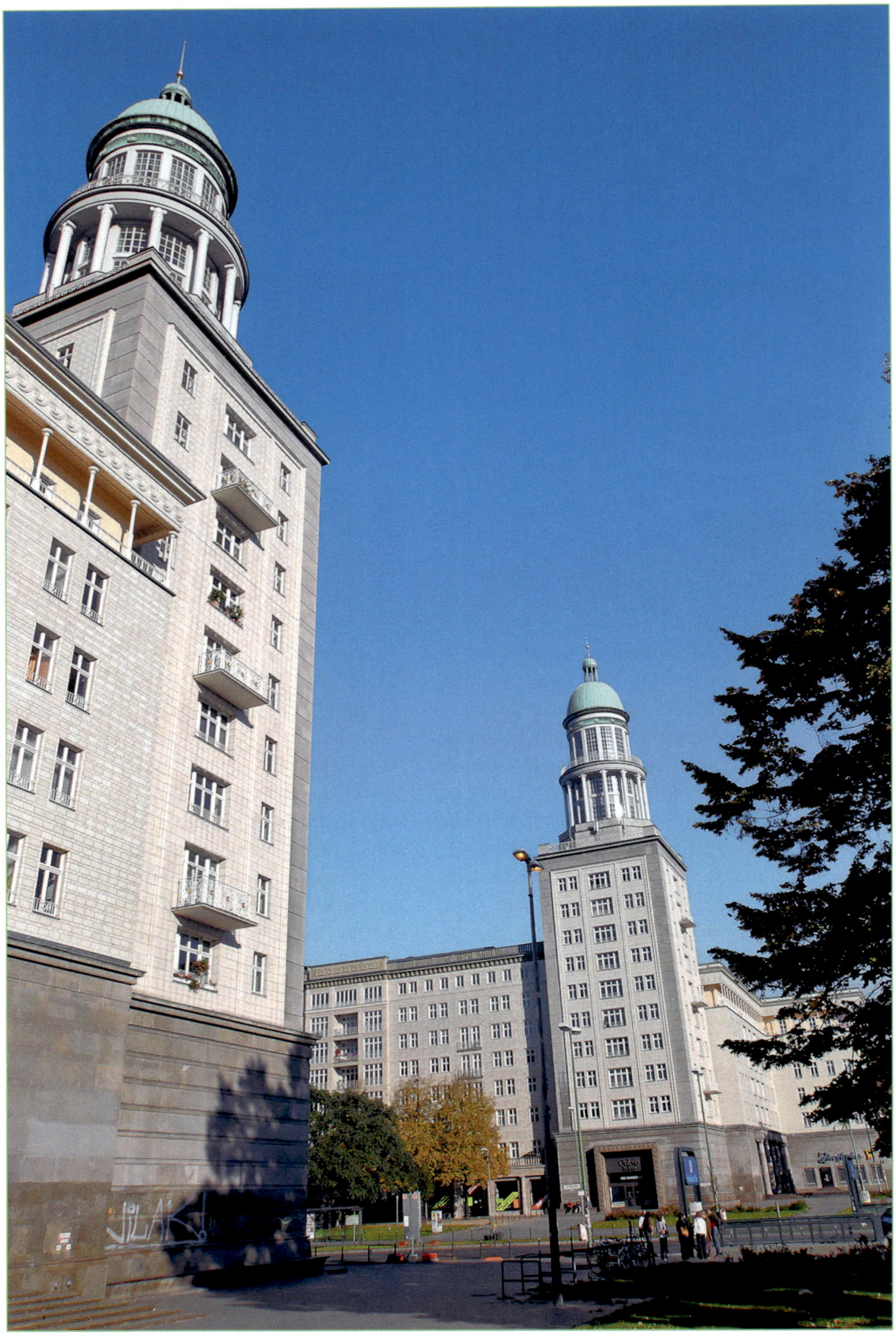

1 **Karl-Marx-Allee.** Die Systemkonfrontation zwischen Ost und West zeigte sich auch am Beispiel der Architektur in beiden deutschen Staaten. Von 1952 bis 1965 entstand in Ostberlin die „Stalin-Allee", ein städtebauliches Prestigeobjekt der DDR nach sowjetischen Vorbildern. In diesem Viertel sollten „Wohnpaläste für Arbeiter" entstehen. Die Architektur knüpft an historische Vorbilder an. Die zentrale Achse des Viertels, die Stalin-Allee, wurde 1961 in „Karl-Marx-Allee" umbenannt. Zu sehen sind hier die zwei Türme des Frankfurter Tors. Foto, 2007.

2 Das Hansaviertel. Als westdeutsche „Antwort" auf die Stalin-Allee entstand ab 1957 das Hansaviertel in Westberlin. Im Rahmen der ersten internationalen Bauausstellung in Berlin von 1952 wurden 53 Architekten mit einzelnen Bauten beauftragt. Entstehen sollte eine moderne Stadtlandschaft mit einem Mix aus Hoch- und Flachbauten. Verwirklicht wurden 35 Objekte mit insgesamt 1160 Wohneinheiten. Zu sehen ist hier ein neungeschossiges Wohnhaus nach einem Entwurf von Walter Gropius. Foto, 2007.

Stellvertreterkriege* im Kalten Krieg

Stellvertreterkrieg*:
kriegerischer Konflikt unterhalb der Atomschwelle während des Kalten Krieges, der, von den beiden Supermächten USA und Sowjetunion unter Kontrolle gehalten, zwischen kleinen Mächten aus den jeweiligen Lagern geführt wurde. Als Stellvertreterkrieg gilt z. B. der Koreakrieg.

Entkolonialisierung:
Nach 1945, vor allem aber in der Zeit um 1960, erkämpften sich viele Kolonien die Unabhängigkeit von ihren Kolonialmächten. Bereits 1947 wurde Indien aus britischer Herrschaft entlassen, das indische Kolonialreich wurde in die zwei Staaten Indien und Pakistan geteilt. Die selbstständig gewordenen ehemaligen Kolonien bezeichneten sich selbst als Staaten der „Dritten Welt", weil sie im Kalten Krieg einen dritten, selbstständigen Weg gehen wollten. Oft waren sie aber gezwungen, sich einer der Großmächte anzuschließen.

1950–53:
Koreakrieg.

Demarkationslinie*:
Grenzlinie.

Der Kalte Krieg

Im UN-Sicherheitsrat behinderten sich beide Seiten ab 1947 in nahezu allen strittigen Fragen durch gegenseitige Vetos. Die bisherige Partnerschaft der westlichen Alliierten, USA, Großbritannien und Frankreich, mit der UdSSR zerbrach angesichts der wachsenden Gegensätze der Nachkriegszeit schnell. Die gegenseitige Blockade in der UNO dauerte bis zum Ende des Kalten Krieges im Jahre 1989.
In Anbetracht der großen militärischen Stärke der jeweils anderen Großmacht vermieden aber beide Seiten nach Möglichkeit den direkten Konflikt. Seit 1949 verfügte auch die UdSSR über Atombomben. Beide Großmächte versuchten, ihre Einflussbereiche schrittweise auszudehnen und den Gegner möglichst weitgehend zu behindern, ohne einen offenen Krieg zu riskieren.
Dieser zeigte sich zunächst in Europa und besonders im in Besatzungszonen aufgeteilten Deutschland (siehe S. 18). Auch in anderen Regionen der Welt wurde der Konflikt ausgetragen. Vor allem in Asien installierten und unterstützten sowohl die UdSSR als auch die USA ihnen verpflichtete Regierungen in den während des Zweiten Weltkrieges besetzten Ländern. In einem dieser Länder, Korea, wurde der Kalte Krieg aber schon 1950 „heiß".

1 *Beschreibt, wie sich der Kalte Krieg entwickelte.*

Der Koreakrieg

Nach der Kapitulation Japans 1945 sollte dessen vormalige Kolonie Korea unabhängig werden. Das Land wurde jedoch zunächst von den Alliierten in zwei Besatzungszonen aufgeteilt. Nördlich des 38. Breitengrades lag die sowjetische, südlich davon die amerikanische Zone. 1949 zogen die Besatzungstruppen beider Mächte ab, das Land aber blieb geteilt. Die Regierungen beider Teile waren bestrebt, ihren Einfluss auf das jeweils andere Gebiet auszudehnen. Es kam schnell zu erheblichen Spannungen. Am 25. Juni 1950 überschritten nordkoreanische Truppen, von der UdSSR gut ausgerüstet und politisch unterstützt, die Demarkationslinie* am 38. Breitengrad und besetzten mit Ausnahme eines kleinen Brückenkopfes ganz Südkorea.

1 Der Koreakrieg 1950–53.

Der UN-Sicherheitsrat verlangte vergeblich die Einstellung der Kämpfe und beschloss schließlich den Einsatz von UNO-Truppen zur Wiederherstellung des Friedens. Dieser Beschluss war nur deshalb möglich, weil die UdSSR zu diesem Zeitpunkt an den Sitzungen des Sicherheitsrates nicht teilnahm. Damit protestierte sie gegen die Nichtaufnahme der kommunistischen Volksrepublik China in die UNO.

Stellvertreterkriege im Kalten Krieg

2 Koreaner fliehen nach Süden, während UNO-Truppen nach Norden vorrücken. Foto, August 1950.

Nach anfänglichen Erfolgen der UNO-Truppen, die mehrheitlich aus Amerikanern gebildet wurden, griff ein 300 000 Mann starkes Heer der mit der UdSSR verbündeten Volksrepublik China ein.

Als sich die Front nach schweren Kämpfen schließlich wieder am 38. Breitengrad stabilisierte, kam es 1951 zu Waffenstillstandsverhandlungen, die sich aber bis zum 26. Juli 1953 hinzogen. Eine Million Zivilisten und zwei Millionen Soldaten hatten ihr Leben lassen müssen. Ein Friedensvertrag zwischen Nord- und Südkorea steht bis heute noch aus. Das Land ist weiterhin geteilt.

2 *Beschreibt den Verlauf des Konflikts.*

Politische Auswirkungen

Dieser Krieg hatte wie ein Schock auf die USA und ihre europäischen Verbündeten gewirkt. Was in Asien geschehen war, befürchteten sie auch in Europa. Dies bestärkte sie in der Ansicht, dass eine Wiederbewaffnung der 1949 aus den Westzonen gegründeten Bundesrepublik Deutschland unerlässlich sei, um Westeuropa erfolgreich zu verteidigen, zumal die UdSSR in der sowjetischen Zone bereits 1948 eine militärähnliche „Kasernierte Volkspolizei" aufgestellt hatte.

Nachdem der französische Vorschlag einer Europäischen Verteidigungsgemeinschaft (EVG) 1954 endgültig gescheitert war, wurde die Bundeswehr als neue Streitmacht aufgebaut. Die Bundesrepublik wurde in den „Pariser Verträgen" in die Westeuropäische Union aufgenommen, gleichzeitig trat sie der NATO bei.

Bündnisse zur Sicherheit

Auch im Fernen Osten wurden als Folge des Koreakrieges Sicherheitspakte geschlossen. Die USA, Australien und Neuseeland unterzeichneten 1951 den ANZUS-Pakt; England, Frankreich, die USA, Neuseeland, Australien, Pakistan, Thailand und die Philippinen schlossen 1954 den SEATO-Vertrag. Staaten des Nahen Ostens (Türkei, Iran, Irak und Pakistan) gründeten 1955 mit England den CENTO-Pakt. Dieses Netz aus verschiedenen Sicherheitsbündnissen war ein sichtbares Zeichen der westlichen Eindämmungspolitik („Containment") und eine direkte Folge des Koreakrieges.

3 *Erläutert die globalen Folgen des Koreakrieges. Beurteilt insbesondere die Sorgen in Europa.*

Methode: Einen Sachtext schreiben

1. Schritt:
Thema und Umfang festlegen

Einen Sachtext zu schreiben ist gar nicht einfach. Zunächst muss man sich über das Thema des Textes klarwerden. Je genauer das Thema gefasst ist, desto besser könnt ihr entscheiden, ob ihr ein Material braucht oder ob es über das Thema hinausführt. Ein Beispiel: Das Thema „Die Kuba-Krise" ist klar abgegrenzt, während das Thema „Der Ost-West Konflikt" sehr weit gefasst ist und viele Themen umfasst.
Wichtig ist es auch, gleich zu Beginn der Arbeit den geplanten Umfang festzulegen. Für einen Text, der eine Seite umfasst, braucht man weniger Material als für eine Abschlussarbeit von zehn Seiten.

2. Schritt:
Material sammeln

Entsprechend des geplanten Umfangs sucht ihr in Büchern, Zeitschriften, in Bibliotheken und im Internet nach Material zu eurem Thema. Das können Texte und Bilder, Schaubilder und Statistiken sein. Im Internet sucht ihr mithilfe von Suchmaschinen oder in Katalogen von Bibliotheken in eurer Nähe (vgl. Methoden S. 112).
Wichtig ist, dass ihr zu jedem Material die genaue Fundstelle (Quellenangabe) notiert. Damit könnt ihr später in eurem Text eine Aussage belegen.

3. Schritt:
Gliederung erstellen

Bevor ihr losschreibt, müsst ihr eine Gliederung erstellen. Mit ihrer Hilfe könnt ihr eure Gedanken und die gefundenen Materialien zu dem Thema ordnen. Eine genaue Gliederung erleichtert das Schreiben, weil ihr euch dann an ihr „entlanghangeln" könnt. Aus dem Deutschunterricht kennt ihr sicher „Tricks", wie man eine Gliederung entwirft. Im Hauptteil der Gliederung sollten die Ereignisse entweder nach der chronologischen Reihenfolge oder nach Themenschwerpunkten gegliedert sein.

4. Schritt:
Mutig losschreiben

Aller Anfang ist schwer. Deswegen müsst ihr euch überlisten und einfach mal losschreiben. Anhand der Gliederung könnt ihr aber auch mit Abschnitten beginnen, die „leichter" aussehen.

5. Schritt:
Verbessern und Korrigieren

Sachtexte müssen mehrmals überarbeitet und verbessert werden. Das gilt für jeden Text und eine Überarbeitung ist keine Schande oder ein Versagen. Dabei müsst ihr prüfen, ob das, was ihr geschrieben habt, sachlich richtig und lesbar formuliert ist. Schließlich fügt ihr die Belege für eure Quellen und wichtige Aussagen in Fußnoten oder im Text an.
TIPP: Wer seinen Text am Computer geschrieben hat, sollte ihn für die Korrektur ausdrucken, denn auf Papier sind Fehler leichter sichtbar.

6. Schritt
Gegenlesen lassen

Jeder Text gewinnt durch die Kritik eines Gegenlesers, der von der Sache wenig oder nichts weiß, weil er „naive" Fragen stellen kann. Also bittet jemand zu Hause, den Text einfach mal durchzulesen und zu kommentieren.

7. Schritt:
Den Text in eine ordentliche Form bringen.

Wenn der Text fertiggestellt ist, sollte man eine treffende Überschrift und Zwischenüberschriften für die Absätze formulieren. Schließlich solltet ihr ihn sauber abschreiben oder mit dem Computer in einer gut lesbaren Form ausdrucken.

M1 Beispiel für eine mögliche Gliederung zum Thema „Systemkonfrontation am Beispiel der Kuba-Krise 1962"

A Einleitung: Gefahr eines Atomkrieges?

B Hauptteil

1 Kuba – ein sozialistischer Staat vor den USA

2 Stationierung von Atomraketen auf Kuba

3 Reaktion der USA

4 Der Briefwechsel

5 Gegenseitiges Nachgeben

C Schluss: Die Welt am Abgrund eines Atomkrieges

1 Links: Reichweite sowjetischer Raketen auf Kuba, 1962.
Rechts: Reichweite amerikanischer Raketen in der Türkei, 1962.

1 Wertet die Texte und Materialien der S. 51–53 im Hinblick auf Ursachen, Ablauf und Ergebnis der Kuba-Krise aus. Nehmt die den Materialien entsprechenden Methoden aus dem Anhang (siehe S. 112–118) zu Hilfe.
2 Stellt eure Ergebnisse in einem Text dar. Thema: Die Kuba-Krise als Beispiel einer Systemkonfrontation.

Kuba wird sozialistisch
Kuba war seit Beginn des 20. Jahrhunderts ein selbstständiger Staat, aber wirtschaftlich und politisch von den USA abhängig. Die amerikanische Regierung unterstützte den kubanischen Machthaber, Fulgencio Batista, der 1952 durch einen Militärputsch an die Macht gekommen war. Als Diktator schaffte er die Verfassung ab und ließ politische Gegner verfolgen. Bereits kurz nach der Machtübernahme Batistas bildete sich unter der Führung des jungen Rechtsanwaltes Fidel Castro eine Widerstandsbewegung gegen das Regime des Diktators heraus. Doch erst im Jahr 1959 gelang es kubanischen Guerillatruppen (bewaffnete Widerstandsgruppen) unter der Führung Castros, den Diktator zu stürzen.

Fidel Castro, der die Regierungsgeschäfte übernahm, führte als Erstes eine Landreform durch und enteignete die Großgrundbesitzer. Die kubanische Zuckerindustrie, die zu 70 Prozent von amerikanischen Firmen kontrolliert war, wurde verstaatlicht, das gesamte im Land befindliche US-Vermögen beschlagnahmt. Ein durch amerikanische Truppen unterstützter Versuch, Castro zu stürzen, schlug im April 1961 fehl. Mit aktiver sowjetischer Unterstützung wurde Kuba schließlich in eine sozialistische Republik umgewandelt.

Gegenseitige Bedrohungen
Im Herbst 1962 fotografierten amerikanische Aufklärungsflugzeuge auf Kuba stationierte sowjetische Raketenabschussbasen. Der amerikanische Präsident John F. Kennedy informierte am 2. Oktober 1962 in einer Fernsehansprache die Weltöffentlichkeit über die Stationierung der Raketen. Er forderte die Sowjetunion und Kuba auf, diese Raketen wieder abzuziehen. Gleichzeitig sperrte die amerikanische Marine den Seeraum vor Kuba für sowjetische Schiffe. Die Sowjetunion protestierte gegen diese Seeblockade Kubas, ließ aber ihre mit weiteren Raketen beladenen Frachter umdrehen.

Die Sowjetunion ließ wissen, dass jeder Angriff der USA auf Kuba einen Atomkrieg auslösen werde. Die USA erklärten, nur der Abzug der Raketen aus Kuba könne einen Atomkrieg verhindern.

Mit der Stationierung der Atomraketen auf Kuba hatte die UdSSR auf die Stationierung von Atomraketen der USA in Italien und in der Türkei geantwortet, durch die sie sich unmittelbar bedroht fühlte. Diese Raketen waren bereits seit April 1962 einsatzfähig.

Aus der Fernsehansprache Präsident John F. Kennedys, 22. Oktober 1962, 19 Uhr Ortszeit:

Q1 … Im Laufe der letzten Wochen haben eindeutige Beweise die Tatsache erhärtet, dass derzeit auf dieser unterdrückten Insel mehrere Anlagen für Angriffsraketen errichtet werden. Der Zweck dieser Anlagen kann nur darin bestehen, die Möglichkeit eines Atomschlages gegen die westliche Hemisphäre [Halbkugel; hier im Sinne von westlicher Welt] zu schaffen … Wir werden das Risiko eines weltweiten Atomkrieges nicht voreilig und ohne Not eingehen … Wir werden dieses Risiko aber auch nicht scheuen, falls es zu irgendeinem Zeitpunkt eingegangen werden muss. …

Wir werden jede atomare Rakete, die von Kuba gegen irgendeine Nation der westlichen Hemisphäre abgefeuert wird, als einen Angriff der Sowjetunion auf die Vereinigten Staaten ansehen und mit einem vollständigen Vergeltungsangriff auf die Sowjetunion beantworten. …

Nach der Fernsehansprache Kennedys kam es zu einem Briefwechsel zwischen dem Ministerpräsident der UdSSR, Chruschtschow, und Präsident Kennedy. Dieser Briefwechsel hatte zum Ziel, die gegenseitige atomare Bedrohung und Vernichtung zu verhindern.
Zweiter Brief Nikita Chruschtschows an Kennedy vom 27. Oktober 1962:
Q2 … Sie sagen, dass Sie von Kuba, das 150 km von Ihrer Küste entfernt ist, beunruhigt sind, dabei ist die Türkei doch unser direkter Nachbar. … Glauben Sie, dass Sie nur Sicherheit für Ihr Land und den Abzug der Raketen, die Sie als Offensivwaffen bezeichnen, verlangen können, während Sie uns nicht dasselbe Recht zusprechen? … Ich mache Ihnen daher folgenden Vorschlag: Wir stimmen zu, von Kuba jene Mittel [d. h. Raketen] abzuziehen, die Sie als offensiv betrachten … und machen ein Versprechen vor den Vereinten Nationen. Ihr Vertreter wird ein Versprechen machen, dass die USA … ihre ähnlichen Mittel aus der Türkei abziehen wird. …

Aus einem Brief von US-Präsident Kennedy an den sowjetischen Ministerpräsidenten Chruschtschow vom 27. Oktober 1962:

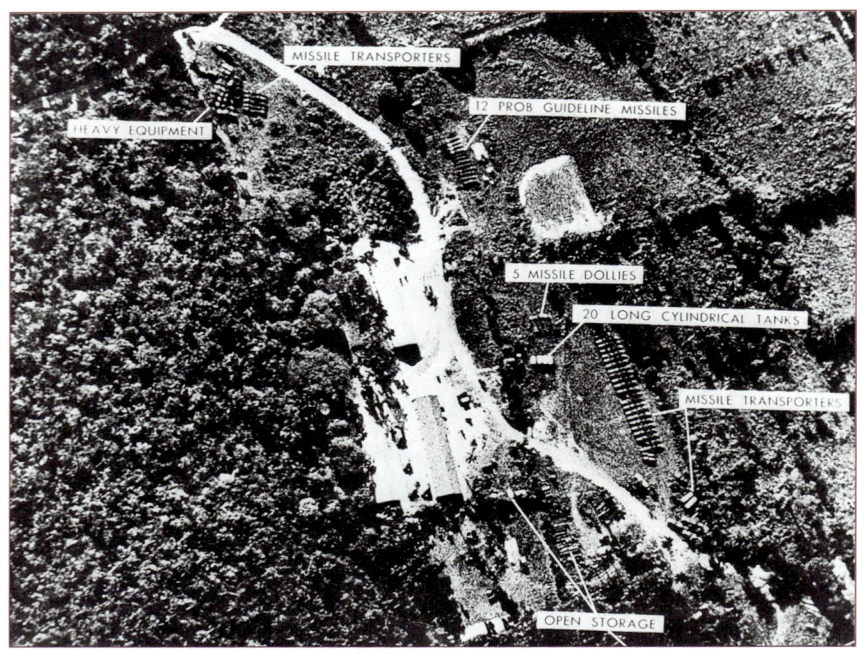

2 Sowjetische Raketenbasis auf Kuba, Luftaufnahme Mitte Oktober 1962.

Q3 … Wenn ich Ihren Brief recht verstehe, sind die entscheidenden Punkte Ihrer Vorschläge – die, so wie ich sie auffasse, grundsätzlich annehmbar erscheinen – die folgenden:
1. Sie wären bereit, diese Waffensysteme unter Beobachtung und Überwachung durch die Vereinten Nationen aus Kuba zu entfernen und den weiteren Transport solcher Waffensysteme nach Kuba unter angemessenen Garantien einzustellen.
2. Wir wären unsererseits bereit, wenn die Vereinten Nationen angemessene Vorkehrungen zur Sicherung der Durchführung und des Fortbestehens dieser Verpflichtungen getroffen haben, a) alsbald die gegenwärtig bestehenden Blockademaßnahmen aufzuheben und b) Zusicherungen gegen eine Invasion in Kuba zu geben. …

Chruschtschows Erinnerungen wurden nach seinem Tod 1971 im Westen (nicht jedoch in der Sowjetunion) veröffentlicht.
Q4 … Ich hatte vor, Raketen mit Nuklearsprengköpfen auf Kuba zu stationieren, so dass die USA nichts davon mitbekamen, bis es zu spät war, etwas dagegen zu tun. … Wir hatten nicht vor, einen Krieg anzufangen. Wir teilten den Amerikanern mit, dass wir bereit wären, unsere Raketen und Bomber unter der Bedingung abzuziehen, dass es keine Invasion [feindliches Einrücken in fremdes Gebiet] Kubas seitens der Amerikaner oder irgendjemand anderem geben würde. Schließlich gab Kennedy nach und stimmte zu, eine Erklärung mit einer diesbezüglichen Garantie abzugeben. … Es war ein großer Sieg für uns, … ein spektakulärer Erfolg. …

Der Sonderberater von Präsident Kennedy, Arthur M. Schlesinger, schrieb in einem Erinnerungsbuch über den 1963 ermordeten Präsidenten Kennedy:

Q5 … Wir hatten es also geschafft – gerade noch rechtzeitig. Wenn die Nachricht nicht am Sonntag eingetroffen und die Arbeit an den Raketenbasen weitergegangen wäre, so hätten die Vereinigten Staaten praktisch keine andere Wahl gehabt, als in der folgenden Woche militärisch gegen Kuba einzuschreiten. Und keiner wußte, was auf einen Luftangriff oder eine Invasion gefolgt wäre, welche Maßnahmen und Gegenmaßnahmen, Aktionen und Reaktionen die Welt zum grausigen Untergang getrieben hätten. Niemand sah den Ungewissheiten und Schrecken der Zukunft klarer ins Auge als der Präsident. Ein paar Wochen später sagte er: „Wenn wir in Kuba gelandet wären … hätten die Sowjets bestimmt gehandelt. Sie hätten gar nicht anders gekonnt, ebenso wie wir. Ich glaube, jede bedeutende Macht unterliegt einer gewissen Zwangsläufigkeit der Entscheidungen." Alles kam darauf an, die Kettenreaktion rechtzeitig zu unterbrechen. Als Kennedy an jenem strahlenden Oktobermorgen Chruschtschows Antwort erhielt, zeigte er sich zutiefst erleichtert. …

Fehleinschätzungen

Die politischen Entscheidungen wurden von beiden Seiten zum Teil unter falschen Voraussetzungen getroffen. Durch die Öffnung der Archive ist dies erst Jahrzehnte später deutlich geworden:

3 **Chruschtschow und Kennedy während der Kuba-Krise.** Karikatur „Daily Mail" 1962. Die Bildunterschrift lautete: Einverstanden Herr Präsident, wir wollen verhandeln …

– Die Sowjetunion war davon ausgegangen, dass die Stationierung der Atomraketen unentdeckt bleiben würde.
– Die USA wussten nicht, dass bereits zum Zeitpunkt der Rede des Präsidenten 42 000 sowjetische Soldaten auf Kuba waren und dass zahlreiche Raketen mit Atomsprengköpfen bereits gefechtsklar waren, allerdings unter strenger Kontrolle des sowjetischen Ministerpräsidenten. Ein Angriff der USA auf Kuba hätte einen Atomkrieg ausgelöst.
– Untergeordnete Militärs beider Seiten trafen eigenmächtige Entscheidungen, z. B. gaben sowjetische Generale auf Kuba eigenmächtig den Befehl zum Abschuss eines US-Aufklärungsflugzeuges (U2).

Aufnahme von Verhandlungen

Nach Beilegung der Kuba-Krise nahmen die USA und die Sowjetunion Verhandlungen über beiderseitige Abrüstung auf. Zwischen beiden Seiten wurde die Einrichtung einer direkten Telefonleitung vereinbart (Rotes Telefon), um in Krisenzeiten direkt miteinander sprechen zu können.

A Im Oktober 1962 entwickelte sich zwischen der Sowjetunion und den USA eine gefährliche Systemkonfrontation. Die Welt stand kurz vor dem Ausbruch eines Atomkrieges. Darüber berichte ich …

B Seit 1959 war Kuba ein sozialistischer Staat. In den Augen der Sowjetunion war Kuba seit dieser Zeit ein ideal gelegener Standort für Raketen zur Bedrohung der USA. Zur gleichen Zeit hatten die USA Raketen in der Türkei gegen die Sowjetunion aufgebaut. …

C Nur durch das besonnene Handeln der Sowjetunion und der USA wurde ein Atomkrieg in letzter Minute verhindert. Die Systemkonfrontation bestand zwar weiter, aber es wurde miteinander gesprochen.

M2 **Aus Lenas Text.**

Vom Wettrüsten zur Abrüstung

Status quo* (lat.):
gegenwärtiger
Zustand

1 „Der Kalte Krieg im Lichte der KSZE". Karikatur,
1990.

2 Erich Honecker und Helmut Schmidt, die Regie-
rungschefs der beiden deutschen Staaten, bei den
KSZE-Verhandlungen. Foto, 1975.

Der KSZE-Prozess

Im August 1975 wurde das Abschlussdoku-
ment der Konferenz für Sicherheit und Zusammenarbeit in Europa (KSZE) veröffentlicht. Es war von 35 Staaten auf einer Konferenz
in Helsinki beschlossen worden.

In diesem Dokument heißt es:

Q1 ... Die Teilnehmerstaaten erklären, folgende Prinzipien ... zu achten und in die Praxis umzusetzen:

1. Souveräne Gleichheit ...,
2. Enthaltung von der Androhung oder Anwendung von Gewalt,
3. Unverletzlichkeit der Grenzen ...,
5. Friedliche Regelung von Streitfällen,
6. Nichteinmischung in innere Angelegen-
   heiten,
7. Achtung der Menschenrechte und Grundfreiheiten einschließlich der Gedanken-,
   Gewissens-, Religions- oder Überzeu-
   gungsfreiheit,
8. Gleichberechtigung und Selbstbestim-
   mungsrecht der Völker,
9. Zusammenarbeit zwischen den Staaten,
10. Erfüllung völkerrechtlicher Verpflichtun-
    gen nach Treu und Glauben ...

Die Schlussakte unterschied drei „Körbe" mit
Zielen und Vereinbarungen. „Korb 1" um-
fasste die „Sicherheit" und „zehn Prinzipien
für das friedliche Zusammenleben der
Staaten" (vgl. Quellentext), „Korb 2" enthielt
„Zusammenarbeit in Wirtschaft, Wissen-

schaft und Technik" sowie „Umweltfragen".
In „Korb 3" ging es um „menschliche Kontakte", „kulturelle Zusammenarbeit" und die
„Lösung humanitärer Probleme". Hier ver-
pflichteten sich alle Staaten, Verwandten-
besuche über die Blockgrenzen hinweg zu-
zulassen und jedem Bürger das Reisen zu
erleichtern. Ziele waren „freiere Bewegung
und Kontakte ..., sei es auf privater oder offi-
zieller Grundlage zwischen Personen, Institutionen und Organisationen der Teilnehmerstaaten".

Die KSZE-Konferenz war 1973 auf Wunsch der
UdSSR zusammengetreten, um über eine europäische Sicherheitsordnung zu beraten. Ihr
Ziel war es, den Status quo* in Europa festzu-
schreiben. Die Beschlüsse der KSZE hatte die
UdSSR so nicht erwartet, sich aber nach langen Verhandlungen zu dem Vertrag bekannt.
Fand der Konferenzbeschluss in den westlichen Staaten nur wenig Aufmerksamkeit,
empfanden dagegen die meisten Menschen
in den Staaten des Ostblocks, besonders in
der DDR, die Beschlüsse und die Veröffent-
lichung in ihren Staaten als Sensation.

1 *Erläutert mit Q1, warum die KSZE-
Beschlüsse den Menschen in den Ostblockstaaten so wichtig erschienen.*

2 *Erklärt, warum die KSZE-Beschlüsse von den
Bürgern im Westen als nicht so wichtig aufge-
fasst wurden.*

3 *Entwerft mit dem Text, der Karikatur und
dem Bild einen kurzen Vortrag zur KSZE*

Verhandlungen und Verträge

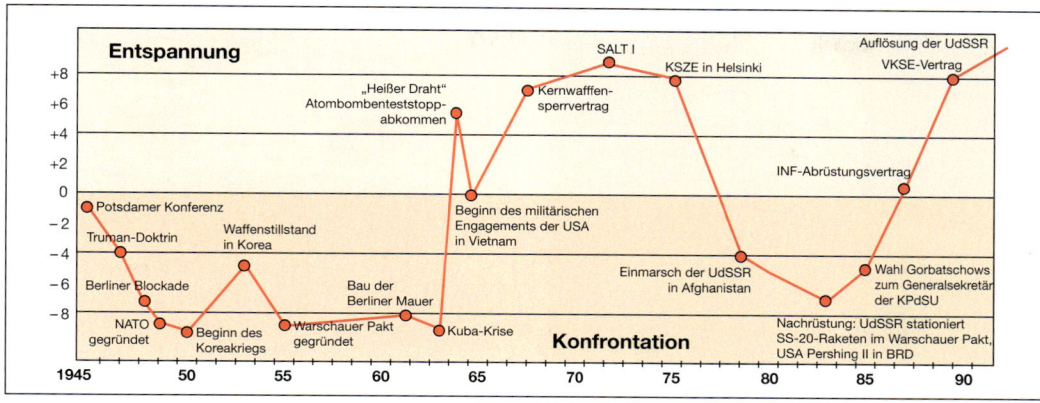

Entspannung						SALT I		Auflösung der UdSSR	

3 Entwicklung der Beziehungen zwischen den Supermächten 1945–89.

Wettrüsten und Verhandeln

Die Kuba-Krise (vgl. S. 51–53) hatte die Welt 1962 an den Rand eines Atomkriegs geführt. Nach der Beilegung des Konflikts begannen Abrüstungsgespräche, deren Ziel es war, durch eine bessere Verständigung und Schritte zur Abrüstung die Gefahr eines Atomkriegs zu vermeiden.

Lange Zeit blieben solche Verhandlungen aber erfolglos oder wurden in aktuellen Krisen zwischen den Großmächten ganz unterbrochen. Dies geschah, als die UdSSR Ende 1979 in Afghanistan einmarschierte, um die dortigen kommunistischen Gruppen im Bürgerkrieg massiv zu unterstützen.

NATO-Doppelbeschluss

Im gleichen Jahr fasste der Westen den NATO-Doppelbeschluss, mit dem er die UdSSR aufforderte, ihre auf Westeuropa gerichteten Mittelstreckenraketen so weit abzubauen, dass sie der Zahl der westlichen Mittelstreckenraketen entsprechen würden. Sofern die UdSSR dieser Aufforderung nicht folgen würde, wollte der Westen ab 1983 atomare Mittelstreckenraketen aufstellen, besonders in Westdeutschland.

Die Friedensbewegung

Gegen diese Pläne protestierten in allen westlichen Staaten, besonders in der Bundesrepublik Deutschland, Hunderttausende, vor allem junge Menschen. In vielen Städten fanden Kundgebungen, öffentliche Mahnwachen und Schweigekreise statt, mit denen gegen die „Nachrüstung" demonstriert wurde.

Der Abbau der Atomraketen ab 1987

Nach der Wahl von Michail Gorbatschow zum Generalsekretär der KPdSU* im Jahr 1985 kamen die Abrüstungsgespräche wieder in Gang. Die amerikanische Regierung unter Ronald Reagan setzte das Wettrüsten jedoch fort und ließ Weltraumwaffen entwickeln (SDI*-Programm). Gleichzeitig verhandelte sie aber von einer so geschaffenen Position der Stärke aus mit der UdSSR über die gegenseitige Abrüstung. Auf Gipfeltreffen des amerikanischen Präsidenten Ronald Reagan mit Generalsekretär Gorbatschow (siehe S. 56) kam es zunächst zu keiner Einigung. 1987 war es dann so weit: Mit dem INF*-Abkommen wurde der Abbau der atomaren Mittelstreckenwaffen in Europa vereinbart. Diesem ersten Abkommen folgten weitere Vereinbarungen. 1990 wurde im Rahmen eines KSZE-Treffens in Paris der umfangreichste Abrüstungvertrag (VKSE*) geschlossen, der in ganz Europa die Truppenstärken reduzierte und das Kräfteverhältnis in ein beiderseits akzeptiertes Gleichgewicht brachte.

4 *Beschreibt mithilfe des Schaubildes 3 und dem Text die Geschichte des Kalten Krieges und der Auf- und Abrüstung.*

1963 Atomtestvertrag:
Verbot von Atomversuchen im Weltraum

1972 SALT-I-Vertrag:
Begrenzung der Raketenabwehrsysteme, der Raketen auf dem Land und unter Wasser

1973 MBFR:
Vertrag über beiderseitigen Truppenabbau in Europa

1976 Atomteststopp:
Begrenzung unterirdischer Atomversuche

1987 INF-Vertrag:*
Abbau der atomaren Mittelstreckenraketen

1990 VKSE:*
starke Reduzierung aller Streitkräfte in Europa

1991 START-Vertrag:
Reduzierung der strategischen Nuklearwaffen um ein Drittel

1993 START II:
Reduktion des Atomwaffenarsenals auf ein Drittel

KPdSU:*
Kommunistische Partei der Sowjetunion.

SDI (engl. Strategic Defense Initiative = strategische Verteidigungsinitiative):*
Ein lückenloses Abwehrsystem im Weltraum sollte jeden anfliegenden Flugkörper des Gegners schon in der Luft zerstören. Dieses auch „Krieg der Sterne" benannte Projekt wurde 1995 aufgegeben.

Das Ende des Kalten Krieges und neue Gefahren

1 **Michail Gorbatschow spricht vor dem Obersten Sowjet.** Foto, 1. Oktober 1988.

2 „Fröhliches Begräbnis". Karikatur von Horst Haitzinger, 1990.

Der Zusammenbruch der Sowjetunion

Seit Mitte der 1980er-Jahre hatte sich abgezeichnet, dass das anhaltende Wettrüsten den Ostblock in eine nicht zu bewältigende Wirtschaftskrise geführt hatte. Militärische Fehlschläge wie der verlustreiche sowjetische Afghanistankrieg (1979–89) verschlechterten die Situation zusätzlich. Die Sorge wuchs, der Ostblock könnte zur Überwindung seiner Probleme eine große Konfrontation mit dem Westen suchen.

Neue Politik unter Michail Gorbatschow

Nachdem Michail Gorbatschow im Jahr 1985 zum neuen Generalsekretär der KPdSU gewählt worden war, versuchte er, umfassende Reformen im Innern der Sowjetunion einzuleiten (siehe S. 66). Die wirtschaftliche Lage zwang die Sowjetunion, das Wettrüsten einzustellen und umfangreiche Abrüstungsverhandlungen mit dem Westen zu führen. Gorbatschows Versuch, das kommunistische System zu modernisieren und zu demokratisieren, scheiterte am Widerstand seiner eigenen Partei, vor allem an den Funktionären. Der im Westen hoch angesehene Politiker ließ es 1989 zu, dass sich die Staaten des Ostblocks von der Bevormundung durch die Sowjetunion befreiten.

In Polen, Ungarn, der Tschechoslowakei, Bulgarien, Rumänien, Estland, Litauen und Lettland bildeten sich nach dem Zusammenbruch der kommunistischen Herrschaft neue politische Systeme nach westlichem Vorbild. Auch bei der friedlichen Revolution in der DDR im Herbst 1989 griffen die sowjetischen Truppen auf Befehl Gorbatschows nicht ein. Damit machte er den Weg zur deutschen Wiedervereinigung frei.

Politisch wurde Gorbatschow schließlich 1991 durch einen Putschversuch so sehr geschwächt, dass er im Dezember 1991 zurücktrat. In den politischen Wirren des Jahres 1991 löste sich die Sowjetunion auf, der größte Nachfolgestaat wurde Russland mit dem neuen Präsidenten Boris Jelzin. Der Kalte Krieg war endgültig zu Ende.

1 *Berichtet über das Ende des Kalten Krieges.*

Die Auflösung der Blöcke

1991 löste sich der Warschauer Pakt auf. Die neuen Staaten des früheren Ostblocks traten der Nato und mit einer gewissen Verzögerung der EU bei. Russland als Nachfolgestaat der Sowjetunion arbeitete ab Mitte der 90er-Jahre in einem NATO-Russland-Rat eng mit den früheren Gegnern in Sicherheitsfragen zusammen.

2 *Erkundigt euch in den Medien nach dem heutigen Verhältnis Russlands zu den westlichen Staaten.*

Das Ende des Kalten Krieges und neue Gefahren

Afghanische Frauen *bekommen ihre Wahlunterlagen für die Präsidentschaftswahlen 2004. Unter den Taliban hatten Mädchen und Frauen keine Rechte: Sie durften nicht zur Schule gehen, keinen Beruf erlernen, sie erhielten keine ärztliche Versorgung und waren vom öffentlichen Leben ganz ausgeschlossen. Nach dem Sturz der Taliban ist es ein Ziel der internationalen Gemeinschaft, die Rechte der Frauen zu stärken und deren wirtschaftliche und soziale Situation zu verbessern.*

3 11. September 2001 – Terroristen steuerten zwei gekidnappte Passagiermaschinen in die Türme des World Trade Centers in New York. Etwa 3000 Menschen fanden den Tod. Foto vom Einschlag der zweiten Maschine.

Das Attentat vom 11. September 2001

Am 11. September 2001 wurden die USA zum ersten Mal in ihrer Geschichte auf dem eigenen Territorium angegriffen. Angehörige der terroristischen Al-Kaida-Gruppierung lenkten drei gekaperte Passagierflugzeuge in das New Yorker World Trade Center und in das Verteidigungsministerium in Washington.

Etwa 3000 Menschen kamen bei dem Angriff ums Leben. Dieser Anschlag war der Höhepunkt in einer Reihe von Angriffen der internationalen Al-Kaida-Organisation gegen amerikanische Stützpunkte in Afrika, Asien und den USA. Neu war, dass die USA auf ihrem Territorium nicht von einem Staat, sondern von einem weltweit verzweigten Netz von radikal-islamistischen* Terroristen angegriffen wurden. Diese gaben vor, im Namen eines radikalen Islam gegen die USA zu kämpfen.

1 *Fragt Erwachsene nach ihren Erinnerungen an den 11. September 2001. Sammelt im Internet Informationen zu dem Angriff.*

2 *Informiert euch über den weltweiten Kampf gegen die Al-Kaida-Organisation und berichtet in der Klasse.*

Reaktion des UN-Sicherheitsrates

Der UN-Sicherheitsrat rief in zwei Resolutionen zum Kampf gegen den Terrorismus als Bedrohung von Frieden und Sicherheit auf und erkannte das Recht der USA auf Selbstverteidigung an:

Q1 … Der Sicherheitsrat fordert alle Staaten dringend zur Zusammenarbeit auf, um die Täter, Organisationen und Förderer dieser Terroranschläge vor Gericht zu stellen, und betont, dass diejenigen, die den Tätern, Organisationen und Förderern dieser Handlungen geholfen, sie unterstützt oder ihnen Unterschlupf gewährt haben, zur Verantwortung gezogen werden. …

3 *Erläutert den Beschluss des Sicherheitsrates.*

Angriff der USA auf Afghanistan

Afghanistan war der wichtigste Stützpunkt des Terrornetzwerks Al-Kaida und ihres Anführers Osama Bin Laden. Seit 1995 regierten die Taliban, radikale Islamisten, das Land.

Da die Taliban sich weigerten, Bin Laden auszuliefern, stürzten die USA in einer Militäraktion das Talibanregime im Herbst 2001 unter Berufung auf das Selbstverteidigungsrecht der USA. Bin Laden konnte allerdings nicht gefasst werden.

Eine Übergangsregierung, in der alle afghanischen politischen Gruppen mit Ausnahme der Taliban vertreten sind, organisiert seit 2002 den Wiederaufbau des durch Bürgerkrieg und Luftkrieg zerstörten Afghanistans. Dabei wird sie von zahlreichen Staaten und einer internationalen Schutztruppe mit deutscher Beteiligung unterstützt.

Bereits fünf Jahre nach ihrem Sturz konnten die Taliban ihren Einfluss im Süden Afghanistans wieder ausbauen und eine von der NATO geführte Schutztruppe in schwere Kämpfe verwickeln. Eine Ursache dafür war, dass der Wiederaufbau Afghanistans bis 2010 nur geringe Fortschritte machte. Die wirtschaftliche Lage der Bevölkerung verbesserte sich nur in der Hauptstadt.

4 *Sucht Informationen über die gegenwärtige Lage in Afghanistan und die Aufgabe der deutschen Bundeswehrsoldaten dort.*

radikale Islamisten*: *Bezeichnung für Muslime verschiedener Nationen, die mit Gewalt eine politische Herrschaft errichten wollen, die sich streng an den Lehren des Korans ausrichtet. Für dieses Ziel kämpfen sie auch mit Selbstmordattentaten.*

Lesetipp: *Deborah Ellis: Im Herzen die Angst. Eine Flucht durch Afghanistan, Bertelsmann, München 2005.*

Blick nach Europa: Frankreich 1968

1 **Steinewerfer bei den Maiunruhen in Paris 1968.** Foto, 25. Mai 1968.

Proteste und Generalstreik 1968

Wie überall in Westeuropa kam es im Protestjahr 1968 auch in Frankreich, besonders aber in Paris, zu Studentenprotesten und Demonstrationen. Die Studenten protestierten zunächst wie auch die Studenten in den USA und Deutschland gegen den Vietnamkrieg*. Abend für Abend zeigten die Nachrichtensendungen grausame Bilder dieses Krieges, der als erster Krieg quasi live übertragen wurde. Schnell entwickelten sich die Studentenproteste im Mai 1968 zu einer Protestaktion gegen die französische Regierung unter Präsident de Gaulle. Die Studenten forderten Reformen an den Universitäten und im gesamten Bildungssystem. Den Protesten schlossen sich die Arbeiter Frankreichs mit einem Generalstreik an. Sie forderten höhere Löhne und Sozialreformen. Im Mai 1968 befand sich das Land plötzlich in einer tiefen, schweren politischen Krise.

Ausbruch der Gewalt

Einer der Führer der Demonstrationen, der Physiker Alain Geismar, erinnerte sich 2008:

Q1 10. Mai 1968 … Die ganze Nacht tobt der Straßenkampf rund um die Barrikaden aus umgestürzten Bäumen und brennenden Autos. Studenten werfen Steine, die Bereitschaftspolizei reagiert mit Tränengas, knüppelt auf die Demonstranten ein und verfolgt sie bis in die Wohnhäuser des Quartier Latin, wo Anwohner den Flüchtenden die Türen öffnen. …

Die Eskalation der Gewalt bringt die Wende. De Gaulles Premierminister Georges Pompidou geht in einer Fernsehansprache am 11. Mai auf die Forderungen der Studenten ein. Nach langem Zögern haben sich zuvor auch die Gewerkschaften mit der Rebellion solidarisiert; für den 13. Mai habe ich mit ihrer Unterstützung zu einer Großkundgebung und zum Generalstreik aufgerufen. …

Tatsächlich aber haben die Studenten die Initiative abgegeben – fortan findet der Kampf in den Fabriken statt. Die Produktion ruht, Werke werden besetzt, Direktoren eingesperrt: Bis zur zweiten Mai-Hälfte sind landesweit rund 10 Millionen Arbeiter im Streik. …

Die Franzosen wollten inzwischen nur noch eines: Die Rückkehr zur Ordnung.

Jetzt geht es Schlag auf Schlag: „Ich werde mich nicht zurückziehen", sagt der Präsident und kündigt per Radioansprache Neuwahlen an. …

Die Neuwahlen bestätigten die Regierung de Gaulle mit großer Mehrheit, beendeten die Staatskrise und eröffneten den Weg zu Reformen.

1 *Beschreibt den Mai 1968 in Frankreich.*
2 *Sucht weitere Informationen im Internet.*

Blick nach Europa: Tschechoslowakei 1968

Alexander Dubček (1921–1992), von 1963 bis 1969 Mitglied des Politbüros der tschechoslowakischen KP, war der politische Kopf des tschechoslowakischen Reformversuchs.

1 **Einmarsch in die ČSSR, 20./21. August 1968.** Truppen des Warschauer Pakts besetzen die ČSSR; passiver Widerstand der Bevölkerung. – Ein Mann stellt sich mit entblößter Brust vor einen Panzer der Interventionstruppen. – Foto, Bratislava, 21. August 1968.

„Prager Frühling"

1968 versprach die neugewählte Führung der Kommunistischen Partei der Tschechoslowakei (ČSSR) unter Alexander Dubček einen „Kommunismus mit menschlichem Antlitz". Das Reformprogramm enthielt u. a. Garantien für Rede-, Presse- und Versammlungsfreiheit, Reisefreiheit und vor allem Reformen in der Wirtschaftspolitik. Diese Zeit des politischen „Tauwetters" nannte man später „Prager Frühling".

Der neue Kurs machte auch offene Kritik an der Kommunistischen Partei möglich. In einem Manifest* hieß es im Juli 1968:

Q1 … Noch schlimmer aber war, dass wir einander, einer dem anderen, so gut wie gar nicht mehr vertrauen konnten. Die persönliche und die gemeinsame Ehre gingen verloren … Es war die Macht einer kleinen Gruppe, die mithilfe des Parteiapparates von Prag aus hineinwirkte. … Dieser Apparat bestimmte, wer was tun durfte oder nicht … Keine Organisation, auch keine kommunistische, gehörte in Wirklichkeit ihren Mitgliedern. Die Hauptschuld und der allergrößte Betrug dieser Herrscher ist es, dass sie ihren Willen für den Willen der Arbeiterschaft ausgegeben haben. …

Der Einmarsch in die Tschechoslowakei

Der neue Kurs der Reformkommunisten veranlasste die Führer der übrigen Ostblockstaaten zum Handeln. Am 21. August 1968 marschierte eine Invasionsarmee des Warschauer Paktes, jedoch ohne Rumänien, in die Tschechoslowakei ein und beendete die Reformen gewaltsam. Der Generalsekretär der KPdSU, Leonid Breschnew, rechtfertigte sich im November 1968. Diese Erklärung wird auch als Breschnew-Doktrin bezeichnet:

Q2 … Und wenn die inneren und äußeren, dem Sozialismus feindlichen Kräfte die Entwicklung irgendeines sozialistischen Landes auf die Wiederherstellung der kapitalistischen Ordnung zu wenden versuchen, wenn eine Gefahr für den Sozialismus in diesem Land, eine Gefahr für die Sicherheit der gesamten sozialistischen Staatengemeinschaft entsteht, ist das … ein allgemeines Problem, um das sich alle sozialistischen Staaten kümmern müssen. …

1 *Beschreibt, welche Veränderungen in der Tschechoslowakei 1968 angestrebt wurden.*
2 *Erläutert, womit und wie Breschnew den Einmarsch der Truppen begründete.*

Manifest: öffentliche Erklärung grundsätzlicher Natur.*

Leonid I. Breschnew (1906–1982) war von 1966 bis 1982 Generalsekretär der KPdSU.

1 **Autoschlangen am Grenzübergang Helmstedt-Marienborn.** Foto, 3. April 1965.

2 **Blick über die Grenzanlagen heute.** Das Areal ist nun eine Gedenkstätte zur deutschen Teilung und Freilichtmuseum. Foto, 3. Oktober 2009.

Die Gedenkstätte Marienborn

Die Gedenkstätte Deutsche Teilung Marienborn ist ein Ort des Erinnerns und des Gedenkens und ein Ort der Begegnung. Hier wird Geschichte, in diesem Fall die Geschichte der deutschen Teilung – ebenfalls Folge des Kalten Krieges – lebendig.
Auf der Webseite des Landes Sachsen-Anhalt heißt es dazu:

M1 … Dieser Ort war bis 1989 das Nadelöhr zwischen Ost und West. Marienborn war Synonym* für eine Grenze, die nicht nur Deutsche von Deutschen trennte, sondern Europa, die Welt in zwei sich feindlich gegenüberstehende militärisch-politische Machtblöcke, in zwei konkurrierende Wirtschaftssysteme, in zwei … Systeme und Interessensphären spaltete. Die am 1. Juli 1945 errichtete Alliierte Kontrollstelle entwickelte sich im Verlauf des Kalten Krieges zur größten und bedeutendsten Grenzübergangsstelle (GÜSt) an der ehemaligen innerdeutschen Grenze. Allein von 1985 bis 1989 wurden hier 34,6 Millionen Reisende abgefertigt. Etwa 1000 Menschen arbeiteten auf der GÜSt in den Bereichen Passkontrolle und Zoll, bei den Grenztruppen und als Zivilbeschäftigte.
Mit der Öffnung der Grenze am 9. November 1989 konnten DDR-Bürger die GÜSt Marienborn uneingeschränkt passieren. Mit Inkrafttreten der Wirtschafts-, Währungs- und Sozialunion zwischen der Bundesrepublik Deutschland und der Deutschen Demokratischen Republik wurden die Kontrollen auf der GÜSt Marienborn am 30. Juni 1990 um 24.00 Uhr – auf den Tag genau nach 45 Jahren – eingestellt. …

Das Besucherzentrum

M2 … Für BesucherInnen sind unter anderem die Funktionseinheiten Passkontrolle, Pkw-Einreise und die Kontrollgarage – Ausreise geöffnet. Im Besucherzentrum vertiefen die Dauerausstellung „Die Grenzübergangsstelle Marienborn: Bollwerk, Nadelöhr, Seismograph" sowie die Filme „Helmstedt-Marienborn – Das Nadelöhr zwischen den Welten" und „Auf der Wacht für die DDR – Die Geschichte der innerdeutschen Teilung" die historischen Zusammenhänge, in deren Folge die GÜSt Marienborn zu einem Bollwerk des Grenzregimes ausgebaut wurde.

1 *Informiert euch im Internet über Gedenkstätten in der Nähe eures Schulortes.*
2 *Bereitet eine Exkursion (Besuch) zu einer Gedenkstätte vor (siehe Methode „Besuch einer Gedenkstätte", S. 113.*

Adresse:

Gedenkstätte Deutsche Teilung Marienborn
An der BAB 2
39365 Marienborn
Tel.: 039406/92 090
https://gedenkstaette-marienborn.sachsen-anhalt.de

synonym:*
gleichbedeutend

Zusammenfassung

Beginn des Kalten Krieges

Bereits 1945 zeichnete sich die Konfrontation ab. Denn aus Furcht vor einer entstehenden Übermacht der jeweils anderen Seite begannen beide Mächte, in den im Krieg befreiten und von ihren Truppen besetzten Gebieten die eigenen politischen und wirtschaftlichen Systeme einzuführen. Bald warfen die USA und andere Westmächte der Sowjetunion vor, sie teile Europa durch einen „Eisernen Vorhang", hinter dem Unterdrückung herrsche. Demgegenüber sah die durch den Krieg geschwächte Sowjetunion vor allem in der wirtschaftlichen Stärke der USA eine Bedrohung der eigenen Existenz.

Atomares Wettrüsten und Blockbildung

Die Überlegenheit der USA traf auch in militärischer Hinsicht zu: Zunächst verfügten sie als einzige Macht der Welt über die Atombombe. Seit 1949 war aber auch die UdSSR Atommacht. Nachdem beide Seiten Militärbündnisse – NATO und Warschauer Pakt – errichtet hatten, begann ein atomarer Rüstungswettlauf, der auf gegenseitige Abschreckung zielte und erst nach etwa 30 Jahren unterbrochen werden konnte.

Weltweite Konflikte

Die erste große Krise, der Koreakrieg (1950–1953), endete mit der Teilung des Landes.

In der Kuba-Krise 1962 drohte ein direkter atomarer Konflikt der Großmächte, der nur in letzter Minute verhindert werden konnte.

Der Versuch, die kommunistische Herrschaft in der Tschechoslowakei 1968 zu verändern, wurde von der Sowjetunion gewaltsam unterdrückt.

Abrüstungsverhandlungen

Die Abrüstungsverhandlungen zwischen den Großmächten entschärften in den 1980er-Jahren den Kalten Krieg. Der wirtschaftliche Zusammenbruch der Sowjetunion führte 1989/1990 zum Ende des Kalten Krieges.

1945–1949

Bereits kurz nach Kriegsende wurden die unterschiedlichen Ziele der Großmächte USA und UdSSR sowie gegenseitiges Misstrauen deutlich.

1949

Ein „Eiserner Vorhang" trennt die Blöcke im Kalten Krieg.

1962/63

Kuba-Krise

1987–1990

Abrüstungsverträge zwischen USA und UdSSR

Arbeitsbegriffe

✓ Kalter Krieg
✓ Ost-West-Konflikt
✓ Eiserner Vorhang
✓ Nato
✓ Warschauer Pakt
✓ Kuba-Krise
✓ Prager Frühling
✓ Wettrüsten
✓ KSZE
✓ Abrüstung

Was wisst ihr noch?

1 Warum kam es nach 1945 zum Bruch zwischen der Sowjetunion und den USA?
2 Nennt die Konflikte, die im Kalten Krieg ausgetragen wurden.
3 Beschreibt die Entwicklung der Kuba-Krise.
4 Wann und warum begannen die Abrüstungsbemühungen beider Großmächte?
5 Erklärt, wie und warum der Kalte Krieg 1989 endete.

Tipps zum Weiterlesen

Klaus Kordon: Krokodil im Nacken. Beltz, Weinheim 2012.

Anne Ch. Voorhoeve: Lilly unter den Linden. Ravensburger, Ravensburg 2011.

Steffen Lüddemann: 50 Hertz gegen Stalin. Bibliographisches Institut, Mannheim 2007.

VEREINTE ABWEHR

Check: Das solltet ihr können
Erklären – zuordnen – berichten – erkunden

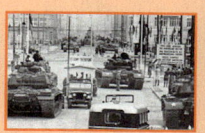

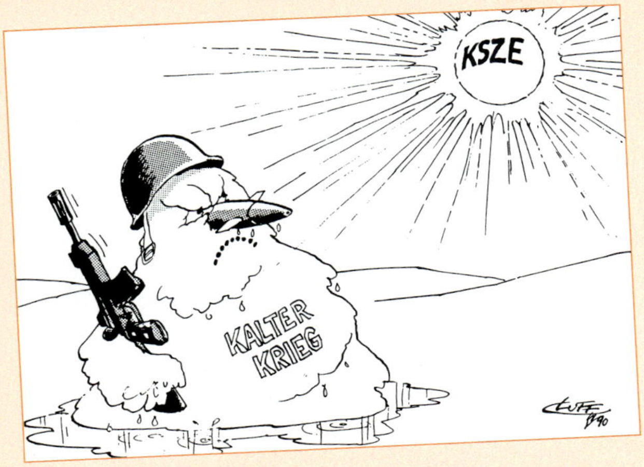

KSZE
KALTER KRIEG

Gor ba tschow ten rüs Pra ger Früh

Kal War ba tung Ab Wett kri ling schauer Pakt krieg se

to Ku rüs Na

Krieg ter

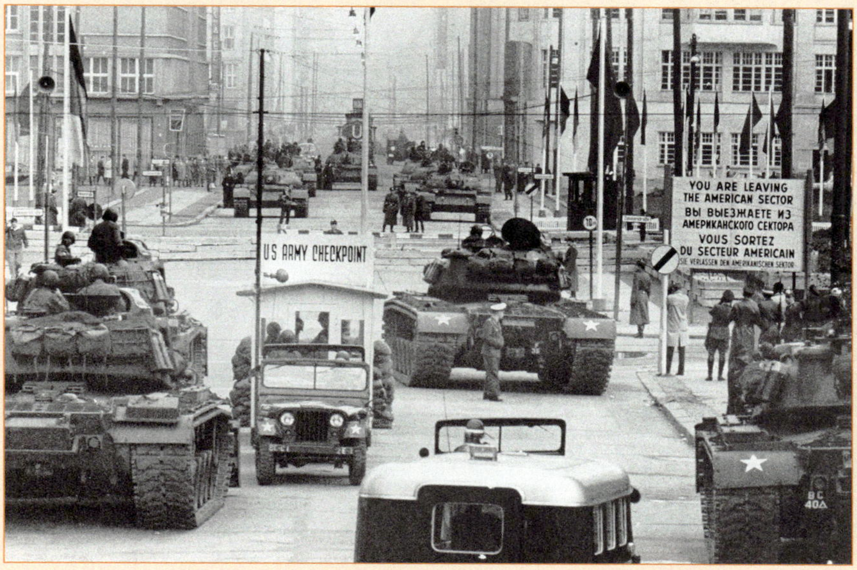

US ARMY CHECKPOINT
YOU ARE LEAVING
THE AMERICAN SECTOR
ВЫ ВЫЕЗЖАЕТЕ ИЗ
АМЕРИКАНСКОГО СЕКТОРА
VOUS SORTEZ
DU SECTEUR AMERICAIN

1 *Bildet aus den Silben richtige Begriffe und schreibt mit ihnen eine kleine Darstellung des Kalten Krieges.*
2 *Gestaltet ein Plakat zum Thema: Friede auf der Welt – eine (un)erfüllbare Hoffnung?*

3. Die Zeit der Wende 1989/1990 – ein Querschnitt

9. 11. 1989

8. 12. 1989– 29. 3. 1990

FALL DER MAUER

„RUNDER TISCH"

Um null Uhr am 3. Oktober 1990 wurde vor dem Reichstag in Berlin die Bundesflagge gehisst. Bundeskanzler Kohl, Bundespräsident von Weizsäcker, Außenminister Genscher, der SPD-Ehrenvorsitzende Willy Brandt, der letzte DDR-Ministerpräsident Lothar de Maizière und zahlreiche andere Spitzenpolitiker sowie tausende begeisterte Bürgerinnen und Bürger nahmen an diesem Festakt teil. Das Aufziehen der Bundesflagge symbolisierte die Vollendung der deutschen Einheit.

Viele Menschen in West und Ost hatten jahrzehntelang auf diesen Augenblick gewartet.

In diesem Kapitel könnt ihr erarbeiten,

– unter welchen Bedingungen es zur Wiedervereinigung kam,
– wie schwierig der Weg zu gleichen Lebensverhältnissen in ganz Deutschland war und ist.

Durch den Vergleich von Zeitzeugenberichten könnt ihr feststellen, wie unterschiedlich der Blick auf gleiche oder ähnliche Ereignisse sein kann.

1. 7. 1990 **12. 9. 1990** **3. 10. 1990**

WIRTSCHAFTS-, WÄHRUNGS- UND SOZIALUNION

ZWEI-PLUS-VIER-VERTRAG

WIEDERVEREINIGUNG DER BEIDEN DEUTSCHEN STAATEN

Zwischen Stagnation und Reformen

Stagnation*:
Stillstand einer Entwicklung.

Integrität*:
Unbescholtenheit, moralische Verlässlichkeit. Hier: Unverletzlichkeit.

Glasnost*:
(russ.) politische Offenheit.

Perestroika*:
(russ.) Umbau, Umbildung des politischen und wirtschaftlichen Systems.

1 **Ein Lenin-Denkmal in Ungarn wird abmontiert.** Foto, 1989.

Q1 … Wichtigste Rahmenbedingung der politischen Beziehungen zwischen den sozialistischen Staaten muss die absolute Unabhängigkeit dieser Staaten sein. … Die Unabhängigkeit jeder Partei, ihr souveränes Recht, über die Probleme des betreffenden Landes zu entscheiden …, sind Prinzipien, die über jede Diskussion erhaben sind. …

Bei einem Treffen mit Bundeskanzler Kohl in Bonn im Juni 1989 bekräftigte Gorbatschow in einer gemeinsamen Erklärung seine früher schon abgegebenen Erklärungen zur Politik der sozialistischen Staaten:

Q2 … Das Recht aller Völker und Staaten, ihr Schicksal frei zu bestimmen und ihre Beziehungen zueinander auf der Grundlage des Völkerrechts souverän zu gestalten, muss sichergestellt werden. … Bauelemente des Europas des Friedens und der Zusammenarbeit müssen sein: die uneingeschränkte Achtung der Integrität* und der Sicherheit jedes Staates. Jeder hat das Recht, das eigene politische und soziale System frei zu wählen. …

1 *Vergleicht die Haltung Gorbatschows (Q1, Q2) mit der Reaktion der Sowjetunion 1968 in der Tschechoslowakei 1968 (siehe S. 59).*

Wandel in der UdSSR

1985 wurde Michail Gorbatschow zum Generalsekretär der KPdSU gewählt. Er versuchte, mit umfassenden innenpolitischen Reformen das kommunistische System zu modernisieren (siehe S. 56). Die Leitbegriffe seiner Politik lauteten „Glasnost*" und „Perestroika*" und meinten die marktwirtschaftliche und demokratische Öffnung der sowjetischen Gesellschaft.

Neue Außenpolitik seit 1985

In seinen Begegnungen mit den amerikanischen Präsidenten Reagan und Bush war es Generalsekretär Gorbatschow seit 1985 gelungen, westliches Misstrauen gegenüber der UdSSR abzubauen. Skeptisch betrachtete man aber noch, wie sich die Sowjetunion zukünftig gegenüber den von ihnen abhängigen „Satellitenstaaten" im Ostblock verhalten würde. Dazu erklärte Gorbatschow 1987:

1989 – das Jahr der Reformen

Die Reformen des sowjetischen Generalsekretärs Gorbatschow in der UdSSR ermutigten auch Reformer in den osteuropäischen Ländern. Wie in der Sowjetunion wurden Forderungen nach Demokratisierung laut. Den immer drängender werdenden Wirtschaftsproblemen wollte man mit einer Öffnung zum westlichen System der Marktwirtschaft begegnen. 1989 wurde auf diese Weise zum Jahr der politischen Veränderung in Osteuropa. Vor allem Polen, die Tschechoslowakei und Ungarn leiteten Reformen ein. Allerdings verlief der Prozess in den einzelnen Ländern unterschiedlich.

Die polnische Entwicklung als Vorbild

1980 wurde die unabhängige Gewerkschaft „Solidarność" unter Führung von Lech Wałesa gegründet. Ihr gelang es, wirtschaftliche Ver-

Umbruch in Osteuropa

2 Arbeiterführer Wałesa bei Streiks in Danzig. Foto, 1981.

besserungen und eine freiere Politik durchzusetzen. Im Dezember 1981 beendete das polnische Militär durch einen Staatsstreich diese freiheitlichere Phase. Solidarność wurde verboten und über Polen das Kriegsrecht verhängt. Die sich stetig verschlechternde Wirtschaftslage zwang die regierenden Kommunisten, unter Vermittlung der Kirche im Jahr 1989 doch mit der weiterhin verbotenen Gewerkschaft Solidarność zu verhandeln. Ergebnisse der Verhandlungen waren:
– die Wiederzulassung der Solidarność,
– die Einführung demokratischer Freiheiten,
– die Umgestaltung der Planwirtschaft und
– die Abhaltung freier Wahlen.

Die als Zeichen der Gleichberechtigung der Teilnehmer an einem „Runden Tisch" durchgeführten Verhandlungen wurden zum Symbol und Ausgangspunkt aller Veränderungen im Ostblock im Jahr 1989. Die Sowjetunion verhinderte diesen Wandel im Rahmen der neuen Politik Michail Gorbatschows nicht.
In den ersten freien Wahlen Polens nach 1945 errangen die Kandidaten der Solidarność im Juni 1989 einen großen Erfolg. Einer ihrer Führer, Tadeusz Mazowiecki, wurde im August zum ersten nichtkommunistischen Ministerpräsidenten Polens ernannt. Im Dezember 1991 wurde Lech Wałesa in freien Wahlen zum Staatspräsidenten Polens gewählt. Mit dieser Wahl und den Wahlen zum polnischen Parlament im Jahr 1993 war die wichtigste Phase der friedlichen Umwandlung der polnischen Gesellschaft in eine demokratische Gesellschaft abgeschlossen.

2 *Erläutert, warum der „Runde Tisch" zum Modell einer friedlichen Konfliktlösung wurde.*

DDR: Abgrenzung nach Ost und West

Auf die Vorgänge in Polen reagierte die DDR-Führung schon im Herbst 1980 mit der Aufhebung des freien Reiseverkehrs zwischen Polen und der DDR. Die Einreise von Polen in die DDR wurde durch eine Visumpflicht reglementiert. Die SED fürchtete ein Übergreifen der „antisozialistischen Pläne und Machenschaften" aus Polen auf die DDR. Bürgerrechtler der DDR, die sich mit der polnischen Gewerkschaft Solidarność anlässlich der Ausrufung des Kriegsrechts 1981 solidarisierten, wurden von der Stasi verfolgt. Der Apparat des Ministeriums für Staatssicherheit wurde seit dieser Zeit massiv ausgebaut (siehe S. 84/85).
Auch gegenüber der Entwicklung in der Sowjetunion nach dem Amtsantritt von Generalsekretär Gorbatschow ging die DDR-Führung unter Erich Honecker auf Distanz, sie lehnte eine Übernahme der Politik von „Glasnost" und „Perestroika" für die DDR strikt ab.
Honecker forderte für die DDR einen Sozialismus eigener Art. Reformen hielt die SED-Führung für gefährlich. Der Parteiideologe Kurt Hager meinte 1987 in einem Interview mit der Zeitschrift „Stern", man müsse doch nicht seine Wohnung neu tapezieren, nur weil es der Nachbar tue.

3 *Beschreibt, wie die DDR-Führung auf Forderungen nach Reformen reagierte.*

Erich Honecker (geb. 25. 8. 1912, gest. 29. 5. 1994), gelernter Dachdecker und seit 1929 Mitglied der KPD, saß unter den Nationalsozialisten von 1937 bis 1945 in Haft. Er baute seit 1946 die FDJ (kommunistischer Jugendverband) auf und stieg in der politischen Hierarchie der DDR kontinuierlich auf. Seit 1971 Generalsekretär der SED und seit 1976 Vorsitzender des DDR-Staatsrates, wurde er 1989 aller Ämter enthoben und ging 1990 ins Exil nach Chile. Hier erlag er 1994 einem Krebsleiden.

Der Fall der Mauer und die Folgen

Die DDR im Herbst 1989

30. September DDR-Flüchtlinge in den bundesdeutschen Botschaften in Prag und Warschau dürfen in die Bundesrepublik ausreisen.

6./7. Oktober Die DDR begeht den 40. Jahrestag ihrer Gründung. Anwesend ist auch der sowjetische Staats- und Parteichef Michail Gorbatschow.

18. Oktober Staats- und Parteichef Honecker (SED) muss zurücktreten. Nachfolger wird Egon Krenz (SED).

7./8. November Die SED-Regierung und das Politbüro treten zurück.

9. November Das Politbüromitglied Günter Schabowski löst durch eine Presseerklärung über die geplante Reisefreiheit die Öffnung der DDR-Grenze aus. Die Grenzorgane sind über den unklar formulierten Beschluss des Politbüros nicht informiert. Angesichts des Ansturms der DDR-Bürger geben sie am späten Abend die Grenze frei.

13. November Der als „Reformer" geltende Hans Modrow (SED) wird von der Volkskammer zum Ministerpräsidenten gewählt.

7. Dezember Der „Runde Tisch*" übernimmt die Kontrolle der DDR-Regierung.

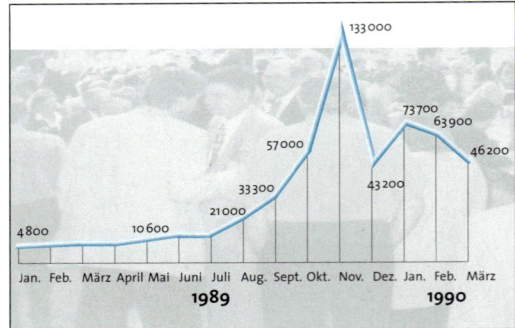

1 Flucht- und Ausreisebewegung aus der DDR Januar 1989 bis März 1990.

Nein-Stimmen bei der Kommunalwahl belegen. Die Staatsmacht versuchte die Oppositionsbewegung erfolglos mit einer Verhaftungswelle zu unterdrücken.

Fluchtwelle

Immer mehr DDR-Bürger kehrten nun ihrem Staat den Rücken. Allein im Sommer 1989 stellten 120 000 Menschen einen Ausreiseantrag. Als Gründe wurden vor allem die fehlende Meinungs- und Reisefreiheit, die ständige Kontrolle durch den Staat und die schlechte Wirtschaftslage genannt. Im Mai 1989 entfernte Ungarn die Grenzzäune nach Österreich. Viele DDR-Bürger, die im „Bruderland" Urlaub gemacht hatten, nutzten diese Chance zur Flucht. Andere besetzten die Botschaften der Bundesrepublik in Prag, Warschau und Budapest, um so ihre Ausreise zu erzwingen. Nach zähen Verhandlungen erreichte der bundesdeutsche Außenminister Hans-Dietrich Genscher, dass Tausende Botschaftsflüchtlinge in die Bundesrepublik ausreisen durften.

1 *Schildert die Ereignisse im Frühjahr und Sommer 1989 in der DDR.*

Fall der Mauer: 9. November 1989

Seit September 1989 fanden in Leipzig die „Montagsdemonstrationen" statt, auf denen Versammlungs- und Reisefreiheit gefordert wurden. Die Zahl der Teilnehmer stieg bis Ende Oktober auf über 300 000. Anfangs wurden Demonstranten zwar von der Polizei auseinandergetrieben oder verhaftet, doch

Zerfall der Macht

Mit der Fälschung des Ergebnisse der Kommunalwahl am 7. Mai 1989 durch die SED begann unmerklich der Zerfall der Macht der SED-Führung. Im Unterschied zu früher begehrten nun die unterschiedlichen oppositionellen Gruppen gegen den Wahlbetrug und die Behauptung einer 99-prozentigen Zustimmung der Bevölkerung zur Einheitsliste auf. Die Oppositionsgruppen hatten sich seit Beginn der 1980er-Jahre in der DDR als Menschenrechts-, Umwelt- und Friedensgruppen gebildet. Sie versammelten sich meist in Kirchenräumen und Privatwohnungen, wo man relativ unbeobachtet von Parteileuten und der Stasi diskutieren konnte. Diese Gruppen erzwangen nun eine öffentliche Diskussion und konnten ihre Behauptung von zahlreichen

„Runder Tisch":
Vom 8.12.1989 bis zum 29.3.1990 tagte der „Runde Tisch" als durch die Revolution legitimierte Mitentscheidungsinstanz neben Regierung und Volkskammer. Teilnehmer waren jeweils zwei bis drei Vertreter aller Blockparteien, der neuen Oppositionsparteien und -gruppen wie Neues Forum und Demokratischer Aufbruch sowie der Regierung und der beiden großen Kirchen.

Filmtipp:
Das Wunder von Leipzig. Deutschland, 2008

Der Fall der Mauer und die Folgen

die Staatsmacht wagte es nicht, auf friedliche Bürger schießen zu lassen.

Im Oktober und November 1989 gingen nun auch in anderen Städten der DDR Menschen auf die Straße. Sie trugen immer häufiger Schilder mit der Aufschrift „Wir sind das Volk!". Schließlich musste Erich Honecker als Staatsratsvorsitzender zurücktreten.

Um dem Druck der Bevölkerung nachzugeben, beschloss die neue SED-Führung unter Generalsekretär Egon Krenz eine neue Regelung der Ausreiseformalitäten, die aber sehr unklar formuliert war. Auf einer Pressekonferenz gab Politbüromitglied Günter Schabowski diese neuen Regelungen am 9. November eher beiläufig bekannt. Er erklärte, ab sofort gebe es eine unbegrenzte Reisefreiheit für DDR-Bürger. Diese Pressekonferenz wurde in der DDR direkt übertragen. Die Wirkung dieser Nachricht zeigte sich aber erst durch die Weitergabe in den Abendnachrichten der westlichen Medien. Viele DDR-Bürger machten sich spontan auf den Weg. Die nicht informierten Grenzorgane der DDR wurden von dem Ansturm der Menschen an den Grenzübergängen in Berlin und in der gesamten DDR völlig überrascht. Sie gaben ohne höhere Weisung dem Druck der Massen nach und öffneten die Grenzen – auch um ein Blutbad zu vermeiden. An ihre ebenso ahnungslosen Vorgesetzten meldeten sie um 22.30 Uhr:

Q1 … Es ist nicht mehr zu halten, wir müssen die GÜSt* aufmachen. Ich stelle die Kontrollen ein und lasse die Leute raus … Wir fluten jetzt! Wir machen alles auf! …

„Mensch, du, die jehn alle nach'm Westen!"

Über die spontane Reaktion der Menschen erzählt ein Wissenschaftler:

M1 … Wo die Nachrichten ankamen, entvölkerten sich ganze Kneipen.

„Ich bin am 9. November abends mit Arbeitskollegen in Ostberlin in einem Tanzcafé am Baumschulenweg gewesen", berichtet ein junger Arbeiter aus Treptow. „Wir haben ein bisschen Sekt getrunken, und da kam die Kellnerin an den Tisch und sagte: ‚Mensch, die Grenze ist uff, das hab ich in den Nachrichten gehört.' Ich sage: ‚Nu komm, hör uff.'

2 Feiernde Menschen auf der Mauer vor dem Brandenburger Tor am 9. November 1989.

Sagt die: ‚Warte mal, ick hab den Schluss uffjenommen.' Da holt sie ihr Tonband, spielt das ab. Und auf einmal, die ganze Kneipe, ruckizuck an den ganzen Tischen: zahlen, zahlen, zahlen." Manche, die sich schon schlafen gelegt hatten, riss es nochmal aus dem Bett. „Ick war schon inne Heia", versicherte ein Anwohner der Bornholmer Straße einem Reporter glaubhaft, denn sein Pyjama lugte aus dem Mantel hervor, „die Alte jeht mit'm Hund runta, kommt ruff und sacht: ‚Mensch, du, die jehn alle nach'm Westen!' Ick nischt wie anjezogen und rüber." …

In den folgenden Tagen und Monaten reisten Millionen von DDR-Bürgerinnen und -Bürger in den Westen. Viele kehrten zurück. Sie forderten lautstark tiefgreifende politische Veränderungen. Die SED konnte diesem Druck nicht standhalten und willigte ein, dass ein „Runder Tisch" aus allen politischen Gruppen gebildet wurde. Dieser „Runde Tisch" beschloss, dass am 18. März 1990 demokratische und freie Wahlen in der DDR stattfinden sollten.

2 *Erläutert, wie es zum Fall der Mauer kam und welche Folgen dieses Ereignis für die Menschen hatte.*

9. November 1989: *Fall der Berliner Mauer*

GÜSt*: *Grenzübergangsstelle*

Sichtweisen wahrnehmen

Auf dieser Methodenseite geht es darum zu untersuchen, wie sich in Quellen, hier in Zeitzeugenberichten, unterschiedliche Sichtweisen spiegeln.

1. Schritt:
Textuntersuchung

Wenn man einen Text richtig verstehen will, muss man ihn mehrmals lesen. Beim ersten Lesen versucht man nur zu erfassen, um was es geht. Beim zweiten und dritten Lesen macht man sich Notizen und erarbeitet sich den Inhalt mit den folgenden Fragen:

Fragen zum Verfasser

– Was wissen wir über die Verfasserin, den Verfasser (Lebensdaten, Amt, Herkunft usw. oder ist er anonym, d. h. ungenannt)?
– Wann wurde der Text geschrieben?
– Schreibt sie/er als Zeitzeuge oder viele Jahre nach dem Ereignis?

Fragen zum Text

– Um welche Textsorte handelt es sich (Interview, Erlebnisbericht, Zeitungsartikel, Roman usw.)?
– Wovon handelt der Text? Hier geht es um die Beantwortung der W-Fragen: Wer? Wo? Wann? Was? Wie? Warum? Gibt es unbekannte Wörter, die ihr im Lexikon nachschlagen müsst?

2. Schritt:
Fragen zur Sichtweise (Perspektive):

– Welche Absichten verfolgte der Verfasser/die Verfasserin mit seinem/ihrem Text?
– Gibt es Textstellen, die eine bestimmte Wertung oder ein Urteil enthalten?

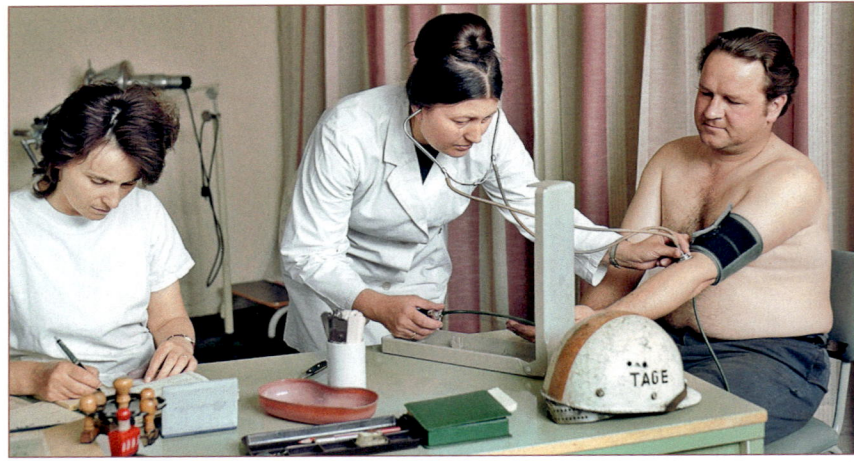

1 Betriebsgesundheit in der DDR. Foto, 1974.

– Versucht der Autor neutral zu sein oder ergreift er deutlich Partei für bestimmte Sichtweisen oder Personen?
– Wie steht der Verfasser/die Verfasserin zu seiner/ihrer Gesellschaft/zu dem Ereignis?

3. Schritt:
Eigene Interpretation

– Zunächst gebt ihr zusammenfassend den Standpunkt der Zeitzeugin oder des Zeitzeugen wieder, ohne bereits wertend Stellung zu nehmen.
– Dann analysiert ihr die im Text erkennbare Sichtweise und beschreibt sie mit euren Worten.
– Am Ende eurer Interpretation sollte eine zusammenfassende Wertung und ein Vergleich stehen, wenn ihr mehrere Aussagen von Zeitzeuginnen und und Zeitzeugen untersucht habt.

„Das Eingesperrtsein habe ich nicht so empfunden"

Dr. A. war Ärztin für Arbeitsmedizin in der DDR und nach 1990 in der Bundesrepublik. Sie wurde 1946 geboren und war kein Mitglied der SED. 2009 sagte sie in einem Interview:

Q1 … In Neubukow war ein großes Mischfutterwerk. Ich habe ein Labor dort, wo die Futtermittel analysiert wurden, inspiziert; das war ein fensterloses Labor. Ein Ventilator hat dafür gesorgt, dass die Laborbedingungen in Ordnung waren. Bei den Untersuchungen wurde nun festgestellt, dass Ammoniak entstanden war. Der Ventilator war ausgefallen. Die Frauen klagten über Beschwerden, und da habe ich das Labor gesperrt und zum Betriebsleiter gesagt, da wird erst wieder gearbeitet, wenn der Ventilator in Ordnung ist. Es hing die Fütterung aller Tiere davon ab, also die Versorgung der Bevölkerung. … Daraufhin habe ich ein Verfahren wegen Wirtschaftssabotage bekommen. Das hatte dann einen Eintrag in meine Kaderakte zur Folge. Aber wenn

die Partei gesagt hat, die Tiere müssen das Futter haben, wir Menschen wollen alle essen, dann war das eben so. Da hatte ich keine Chance. Rehabilitiert wurde ich nach der Wende.

… Ich hatte in der DDR immer ein gutes Leben, einen guten Familienzusammenhalt. Wir haben viel unternommen, Urlaub gemacht, sind innerhalb der DDR gereist. Ich habe eine gute Ausbildung bekommen. Ich habe eine Arbeit gehabt, die mir gefallen hat. Das Eingesperrtsein, wie viele sagen, das habe ich nicht so empfunden. Ich habe unter dem politischen System nicht gelitten, fühlte mich nicht unfrei, nicht unterdrückt.

Die Bundesrepublik heute ist kein soziales System. Die vielen seelischen Erkrankungen, die die Leute heute haben! Wenn jemand seine Arbeit verliert, verliert er seine Wohnung, dann geht oft auch die Familie kaputt, dann haben die Kinder große Schwierigkeiten. Alles ist im Überfluss vorhanden. Aber ist das jetzt besser? Kinder leiden unter diesem System, ihre Seelen bleiben oft hungrig.

„Dieses Eingesperrtsein hörte auf"

Frau J. war Lehrerin in der DDR; nach 1990 Journalistin in der Bundesrepublik. Sie wurde 1956 geboren und war kein Mitglied der SED. Sie sagte 2009 in einem Interview:

Q2 … Ich kann mich noch erinnern, in einer Parteiversammlung (zu der man an der damaligen Schule auch als Nicht-Genosse gehen musste) ging es um Versorgung. Ich habe da gesagt, ich kann es nicht verstehen, dass man sich in einem anscheinend funktionierenden Staat nicht einfach mal ein Kotelett kaufen kann. Ich weiß noch wie heute,

dass die Parteisekretärin, die vor mir saß, sich umdrehte und mir sagte: „Was wollen Sie denn, ein Kotelett oder den Weltfrieden?" Die Erziehung in meinem Elternhaus hat mein Leben wesentlich bestimmt. Ich bin dazu erzogen worden, nicht nur an mich selbst zu denken, sondern auch an andere. Ich bin sehr liebevoll erzogen worden. Ich war schon sehr behütet. Man musste sich keine Sorgen machen, worum sich unsere Kinder heute Sorgen machen müssen. Wir hatten auch ein ausreichendes Auskommen. Aber ich möchte nie wieder tauschen.

Die DDR war ein muffiger, enger, wahnwitziger Staat, der von alten, durchgeknallten Männern regiert wurde, und ich habe im Nachhinein verstanden, was ich vorher nicht verstanden habe: Freunde meiner Eltern haben immer gesagt, bei euch ist alles so grau. Ich habe immer gedacht, die spinnen, weil man irgendwo so ein Ehrgefühl hatte, und ich wollte nicht alles schlechtgeredet haben. Aber die haben Recht gehabt. Die DDR war einfach grau, eng und sie hat den Menschen die Freiheit genommen. Heute geht es uns gut. Es gibt Leute, denen geht es hier nicht gut, aber jeder hat seine Chancen, etwas aus seinem Leben zu machen. Jeder hat alle Möglichkeiten. Sicher gibt es auch Ausnahmen, aber es gibt ein relativ gutes soziales Netz, mit dem man aufgefangen wird. Das muss man erst mal in anderen Ländern vorweisen.

1 *Untersucht Q2 mithilfe der Schritte auf S. 70.*

2 *Vergleicht eure Ergebnisse mit der Lösung zu Q1 und kennzeichnet die*

Sichtweisen der Aussagen der Zeitzeuginnen zum Leben in der DDR.

3 *Führt nun die Untersuchung der nächsten beiden Doppelseiten (Geschichte vor Ort) durch und kennzeichnet wiederum die Sichtweisen der Zeitzeugen.*

Beispielhafte Lösung zu Q1:

Die 1946 geborene Ärztin beschreibt 2009 in einem Interview im Rückblick ihr Leben in der DDR. Sie schildert ihre Arbeit in der DDR und berichtet, dass ihre Arbeit von der SED kritisiert wurde und dass sie dafür einen Eintrag in ihre Personalakte hinnehmen musste. Trotzdem hat sie sich in der DDR wohlgefühlt und fühlte sich nicht unterdrückt. Am Leben in der Bundesrepublik kritisiert sie die fehlende soziale Sicherung trotz des Überflusses. Ihre unpolitische Haltung zeigt sich im dem Satz: „Wenn die Partei gesagt hat … dann war das eben so …" Man kann vermuten, dass sie im Großen und Ganzen mit den Verhältnissen in der DDR zufrieden war und der DDR nachtrauert.

2 SED-Parteigruppenversammlung in Halle. Foto, 1971.

1 **Straßenkarte vom Wendland 1986.** Deutlich ist die innerdeutsche Grenze zu erkennen, die das Land zerschnitt.

Ein besonderer Landstrich

Das hannoversche Wendland ist ein besonderer Landstrich. Seine Vergangenheit als eine der letzten slawisch sprechenden Enklaven westlich der Elbe, seine idyllische Lage an der Elbe und die seit einigen Jahren andauernden Auseinandersetzungen über das Atommülllager Gorleben haben der Region ein eigentümliches Gepräge verliehen. Die „Republik Freies Wendland", die 1980 aus Protest gegen den Atomtransport ins Leben gerufen wurde, kann als Ausdruck der Besonderheit der Region gelten.

Nach dem Zweiten Weltkrieg gehörte die Region um Lüchow-Dannenberg zum so genannten „Zonenrandgebiet". Die Fährverbindungen über die Elbe wurden gekappt, der wirtschaftliche Austausch mit den Gemeinden im Osten abgebrochen und familiäre Verbindungen zerstört. Einheimische und Besucher stießen bei Touren entlang der Elbe auf zer-

störte Brücken, unterbrochene Straßen und verwaiste Fähranleger – „Halt! Hier Zonengrenze".

Ein Zeitzeuge berichtete über seine Kindheit an der innerdeutschen Grenze:

Q1 … Als Kind ist mir die Grenze immer bewusst. Vater und Oma erzählen und sie können ja nicht zurück in ihre Heimat. Mutter reist einmal zu einer Cousine in der Altmark. Aber ansonsten haben wir keine Verwandten in der „Ostzone", und ohne Einladung ist kein Besuch dort möglich.

1961 erlebe ich die große Aufregung über den Mauerbau und den endgültigen Eisernen Vorhang als Resignation bei den Erwachsenen meiner Umgebung. Als Kennedy in Berlin sagt: „Ich bin ein Berliner", überwiegt das Gefühl: Uns kann wenigstens nichts passieren. Wir sind in Sicherheit.

Vater zieht es all die Jahrzehnte nicht zurück in seinen Geburtsort. Nie habe ich den Eindruck, dass er um den Verlust trauert. Er erzählt manches aus der Kindheit, aber immer neutral, ohne Trauer. Auch seine Mutter ist froh, im Westen gelandet zu sein. Aber sie stammt ja auch aus dem Landkreis.

Das Gefühl, auf der sicheren Seite zu sein, überwiegt während der Kindheit. …

2 **Die „Republik Freies Wendland" auf dem Bohrplatz Gorleben.** Foto, 1980.

Der Fall der Mauer

Mit dem Fall der Mauer und der Öffnung der innerdeutschen Grenze im November 1989 fühlten sich die Menschen in der Region dies- und jenseits der Elbe wie im Traum. Plötzlich war es möglich, sich frei zu bewegen.

Eine Zeitzeugin aus Dannenberg erinnerte sich an die Grenzöffnung November 1989:

Q2 … Ich hörte im Radio was von Grenzöffnung und die Mauer ist gefallen. Es kam so überraschend für mich, dass ich es nicht fassen konnte, obwohl wir in den vergangenen Tagen im Fernsehen gesehen hatten, dass die DDR-Leute ohne Probleme über Ungarn in die Freiheit flüchteten. Es war spätabends und wir stellten schnell den Fernseher an: Wirklich! Es ist wahr! Die Grenzen zur DDR sind offen. In Berlin tanzen und jubeln die Menschen auf der Mauer. Ost und West liegen sich in den Armen! Wir sind so ergriffen von diesem Ereignis, dass auch wir uns umarmen. Am nächsten Tag ist Lüchow von den Trabis eingenommen. Auf den Bürgersteigen sieht man ganze Gruppen von Menschen, die von drüben gekommen sind. In der Lüchower Samtgemeindeverwaltung ist die Hölle los: Jeder DDR-Bürger unterschreibt den Besucherschein und bekommt 100 DM Begrüßungsgeld. Viele geben ihr Geld gleich aus und nach drei Tagen sind die Läden leergekauft.

Dieter und ich gehen abends zur Samtgemeinde und nehmen eine Familie zum Übernachten auf. Wir decken den Abendbrottisch, zwei Jungens sind dabei. Da sagt doch der eine: „Mama, und das sollen unsere Feinde sein?" Es war den Eltern peinlich und sie sagten: „Das hat man ihnen im Kindergarten eingeredet!" …

3 DDR-Bürger stehen am 14. November 1989 Schlange vor einem Supermarkt in Bergen bei Lüchow-Dannenberg.

1 Bearbeitet Q1 und Q2 mithilfe der Methodenschritte auf S. 70 und ermittelt die Perspektive der Zeitzeugen.

4 Grenzpfahl der DDR und Grenzschilder mit der Aufschrift „Halt! Hier Zonengrenze" und „Achtung Lebensgefahr: Wirkungsbereich sowjetischer Minen" an der innderdeutschen Grenze in Niedersachsen. Foto, 1973.

5 Das Wendland. Elbe und Elbtalaue bei Hitzacker. Foto, 1997.

1 **Autoschlangen vor dem Grenzübergang Bergen.** Foto, 10.11.1989.

9. November 1989

Brigitte Schmidt aus Salzwedel erinnerte sich an ihre Fahrt in den Westen im November 1989:

Q1 … Am 9. November 1989 ging ich, wie alle anderen DDR-Bürger, zur Arbeit. Früh hatten wir schon in den Nachrichten gehört, dass in der Nacht die Grenze geöffnet worden sei. Ich saß gerade an meiner Schreibmaschine in der Arztpraxis, als die Tür aufging und der Mann meiner Kollegin voller Begeisterung hereinstürmte. „Was sitzt ihr hier rum und arbeitet, als wäre nichts passiert! Ich war schon im Westen." Er warf uns bunte Westzeitschriften und Kaugummis auf den Tisch. Und dann erzählte er … Uns war nicht mehr nach Arbeiten!!! …

Die Fahrt mit dem Motorrad

Um 4:30 Uhr starteten wir beide. Die Schlange von Autos, Motorrädern und Fahrrädern endete an der Käthe-Kollwitz-Schule, die zirka 200 Meter vor dem Ortsausgangsschild liegt. Bis zur Grenzkontrollstelle und damit dem eigentlichen Übergang waren es noch ungefähr zwölf Kilometer. Doch wir waren noch gut dran. Später hörten wir, dass die nach uns Kommenden wesentlich länger warten mussten. Langsam rückte die lange Schlange vorwärts. Heute waren alle „Brüder und Schwestern". Wir unterhielten uns mit den Wartenden, die von überall aus dem Kreis Salzwedel und noch viel weiter her kamen. Es wurden Freundschaften geschlossen. Jeder freute sich unbändig über diesen schon so lange herbeigesehnten Mauerfall. Nach etwa eineinhalb Stunden, wir beide waren 300 Meter vom Schlagbaum entfernt, wurden die Zweiradfahrer nach vorn gewunken. Es war so weit, wir durften gleich zur Grenzkontrolle. Ein Blick der Beamten in unseren Personalausweis und einen dicken Stempel, der uns berechtigte, einen Tag im „Goldenen Westen" zu bleiben, war unser großer Start!

Auf nach Celle

In Bergen, der erste Grenzort im Westen, konnte man gleich das Begrüßungsgeld, stolze einhundert Deutsche Mark, in Empfang nehmen. Doch Eric und ich wollten unbedingt nach Celle zu unseren Verwandten. … Wir waren im Westen und konnten es kaum fassen. Die Kälte spürten wir kaum, so groß war die Freude. Begierig sahen wir uns Landschaft und Orte während der Fahrt an. Die Bauernhöfe sahen aber so ähnlich aus wie bei uns im Osten, doch die Bausubstanz war natürlich besser. Eric fuhr ohne Karte und brachte uns beide wohlbehalten bis an den Rand der wunderschönen Fachwerkstadt Celle. „So Mutti, wie geht's nun weiter?", fragte er mich. Keine Ahnung! Unterwegs hielten wir an einem Bauernhof. „Wo ist der Brockhold hier?" fragte ich eine Bauersfrau. Die Frau beschrieb uns den Weg und fragte neugierig wo wir denn herkämen.

Das Wiedersehen

Bald standen wir vorm Haus von Tante Karin und Onkel Herbert, in schöner, ruhiger, grüner Lage. Mein Herz schlug mir bis zum Hals und ich klingelte mit Sturzhelm auf dem Kopf an der Tür.

Eine große, schlanke, ältere Frau, die irgendwie Tante Karin ähnlich sah, öffnete die Tür. Mir kamen gleich die Tränen. „Ja, wer sind Sie?" „Ich bin Brigitte aus Salzwedel und dort steht Eric. Wir sind mit dem Motorrad gekommen." An Tante Karins Gesichtsaudruck merkte man deutlich, dass sie unser Erscheinen erst einmal verar-

beiten musste. Mit dem Sturzhelm konnte sie mich ja auch nicht erkennen. Wir hatten uns Mitte der 70er-Jahre das letzte Mal gesehen. Ich nahm den Helm ab. „Brigitte, seid ihr das wirklich? Heute Nacht habe ich von Euch geträumt. Die Grenzöffnung war ja demnächst zu erwarten, doch dass es so schnell ging, haben wir nicht geglaubt. Kommt doch rein. Ihr müsst ja ganz durchfroren sein." In der Tür erschien auf einmal ein freundlicher älterer Herr. „Bist du es, Onkel Herbert?", fragte ich ihn. „Ja, ist denn das die Möglichkeit, die Salzwedler Eric und Brigitte sind hier. Das ist ja eine große Freude!" Wir wurden lange gedrückt und sehr freundlich ins Haus gebeten.

Langsam schälten wir uns aus den vielen dicken Sachen heraus.

Die Patentante

Im Wohnzimmer saßen zwei alte, etwas vornehm wirkende Damen. „Das sind Tante Ursula und Tante Erika", sagte Onkel Herbert. Ich konnte es nicht fassen. Tante Ursula war meine Patentante, die ich jetzt das erste Mal in meinem Leben sah, und Tante Erika ihre Schwester. Nach dieser anstrengenden Fahrt und der großen Wiedersehensfreude zitterten mir die Knie. Jetzt musste ich mich setzen. Der Frühstückstisch war noch gedeckt und wir mussten zulangen, bis wir nicht mehr essen konnten. Besonders der herrliche Joghurt ist mir noch in Erinnerung geblieben, denn den gab's bei uns nur selten. Dann wurde erzählt.

Auf in die Innenstadt

„Nun sollt ihr unsere schöne Stadt kennenlernen", meinte Onkel Her-

2 Vor einer Begrüßungsgeld-Zahlstelle. Foto, 10.11.1989.

bert. Gesagt, getan. Zu viert stiegen wir ins Auto. Etwas außerhalb von der Innenstadt parkte Onkel Herbert.

„Nun gehen wir gleich zum Rathaus und holen euer Begrüßungsgeld ab", sagte er. Die Stadt mit ihren vielen bunten Fachwerkhäusern war wunderschön. Mir blieb der Mund offen stehen. Baulich waren alle Häuser in Ordnung und strahlten durch ihre Farben und das Fachwerk Wärme und einmalige architektonische Schönheit aus. Natürlich konnten wir vor Menschen kaum treten. Schnell gingen wir mit unseren lieben Verwandten zum Nebeneingang des Rathauses. Ein paar Stufen hoch und schon standen wir vor dem Tisch mit einem freundlichem Mann dahinter. Ich schluckte und bekam kaum heraus: „Wir sind von drüben und möchten unser Begrüßungsgeld abholen." „Natürlich, bitte Ihre Personalausweise. So, nun unterschreiben Sie hier." Ein Stempel wurde in den Ausweis ge-

drückt und schon hatten Eric und ich jeder seine einhundert D-Mark in der Hand.

Schnell stiegen wir die Stufen hinab und standen wieder mitten in Celle. Zuerst zeigte man uns den Markt. Solch einen Markt hatten wir, selbst in unseren Großstädten, noch nie gesehen! Da waren Obststände mit Ananas, Bananen, Orangen und vielen anderen Südfrüchten, Lebensmittelstände mit Käse, Wurst, Brot, Blumen in einer solchen bunten Vielfalt. „Tante Karin, was habt ihr bloß für wunderschöne Weihnachtssterne. Wir haben drüben auch welche, aber nur mit einer Blüte, eure haben so viele herrliche Blüten." ...

1 *Bearbeitet Q1 und Q2 mithilfe der Methodenschritte auf S. 70 und kennzeichnet ihre Sichtweise auf die damalige Bundesrepublik und die damalige DDR.*
2 *Vergleicht die Zeitzeugenberichte der S. 72–75 miteinander.*

Der Weg zur Einheit

1 Bundeskanzler Kohl auf einer Wahlveranstaltung in Erfurt. Foto, 20. Februar 1990.

12 = Anzahl der Mandate
3,0 = Stimmenanteil in Prozent

CDU 164 / 40,9
DSU 25 / 6,3
DBD 9 / 2,2
Liberale 21 / 5,3
SPD 87 / 21,8
Grüne 8 / 2,0
B 90 12 / 2,9
PDS 65 / 16,3
Sonstige 9 / 1,9
400

CDU
DSU Demokratische Soziale Union
DBD Demokratische Bauernpartei Deutschl.
Liberale
SPD
Grüne
B 90 Neues Forum, Demokratie Jetzt u. a.
PDS
Sonstige

Wahlbeteiligung: 93,2 Prozent

2 Ergebnis der Volkskammerwahlen vom 18. März 1990.

*Hans Modrow
(geb. 27. 1. 1928),
SED, amtierte von
November 1989
bis April 1990 als
Ministerpräsident
der DDR.*

*Lothar de Maizière
(geb. 2. 3. 1940),
CDU, war von April
bis Oktober 1990
der letzte Minister-
präsident der DDR.*

Die ersten freien Wahlen

Die am 13. November gebildete DDR-Regie-
rung unter Ministerpräsident Modrow (SED)
einigte sich mit den Oppositionsvertretern am
„Runden Tisch" (siehe S. 68/69, Randspalte)
auf Volkskammerwahlen am 18. März 1990.
Zur Volkskammerwahl traten u. a. folgende
Parteien an: CDU, DSU (sächsische Schwester
der CSU), DA (Demokratischer Aufbruch),
Bund Freier Demokraten, Bauernpartei, SPD,
Bündnis 90 (Bürgerbewegungen, u. a. Neues
Forum, Demokratie Jetzt), PDS (Partei des
Demokratischen Sozialismus, früher SED). Im
Wahlkampf versprach die Allianz für Deutsch-
land (CDU, DSU und DA) einen schnellen
wirtschaftlichen Aufschwung durch Einfüh-
rung der Marktwirtschaft und der Deutschen
Mark als neuer Währung sowie einen mög-
lichst schnellen Zusammenschluss mit der
Bundesrepublik.
SPD und vor allem Bündnis 90 suchten da-
gegen einen eigenen Weg zu Freiheit und
Demokratie, eine soziale Demokratie, keine
Kopie der Wirtschafts- und Gesellschaftsord-
nung der Bundesrepublik.
Ulrike Poppe, Mitglied der Bürgerbewegung
Demokratie Jetzt, beschrieb den Wahlkampf
so:

Q1 … Plötzlich hörte uns im Wahlkampf keiner mehr zu. Es war wirklich ein emanzipato-
rischer Prozess gewesen, eine Aufbruchstim-
mung, nicht nur in Berlin und Leipzig, auch
auf den Dörfern. Aber dann gab es nur noch
das eine große Bild, das alles erdrückte – den
Westen. …

Nach den Volkskammerwahlen bildete sich
als Regierung eine Große Koalition aus CDU,
DSU, DA, Liberalen und der SPD unter der
Führung der CDU mit Ministerpräsident Lo-
thar de Maizière. Ziel der Regierung war die
baldige Schaffung einer Wirtschafts- und
Währungsunion mit der Bundesrepublik als
Vorstufe zur deutschen Einheit.

1 *Schaut euch Abbildung 1 genau an. Tragt
zusammen, was ihr an Informationen über
diese Wahlveranstaltung entnehmen könnt.*
2 *Beschreibt die unterschiedlichen Ziel-
setzungen der Allianz für Deutschland sowie
von SPD und Grünen.*
3 *Erläutert das Wahlergebnis (Grafik 2).*
4 *Erklärt, warum es für die erste frei gewählte
DDR-Regierung wichtig war, sich auf eine
breite Mehrheit in der Volkskammer stützen
zu können.*

Wege zur Einheit – die Währungsunion

Staatsvertrag
BR Deutschland – DDR
Die wichtigsten Vertragsinhalte

Währungsunion
- DM einzige Währung
- Deutsche Bundesbank alleinige Zentralbank
- Umtauschkurse Mark der DDR zu DM:
  - 1:1 für Löhne und Gehälter, Renten, Mieten, Pachten, Stipendien
  - 1:1 für Guthaben von natürlichen Personen bis zu bestimmten Höchstgrenzen
  - 2:1 für alle übrigen Forderungen und Verbindlichkeiten

Wirtschaftsunion
Die DDR schafft die Voraussetzungen für die soziale Marktwirtschaft:
- Privateigentum
- Freie Preisbildung
- Wettbewerb
- Gewerbefreiheit
- Freier Verkehr von Waren, Kapital, Arbeit
- Ein mit der sozialen Marktwirtschaft verträgliches Steuer-, Finanz- und Haushaltswesen

Sozialunion
Die DDR schafft Einrichtungen entsprechend denen in der BR Deutschland:
- Renten-versicherung
- Kranken-versicherung
- Arbeitslosen-versicherung
- Unfallversicherung
- Sozialhilfe

Die DDR schafft und gewährleistet nach dem Vorbild der BR Deutschland:
- Tarifautonomie
- Koalitionsfreiheit
- Streikrecht
- Mitbestimmung
- Betriebs-verfassung
- Kündigungsschutz

Die BR Deutschland gewährt für die Anschubfinanzierung der Sozialsysteme Mittel aus dem Bundeshaushalt und für den Haushaltsausgleich der DDR Finanzzuweisungen aus dem „Sonderfonds Deutsche Einheit" in Höhe von 115 Mrd. DM.

3 Staatsvertrag zwischen BRD und DDR.

Wirtschafts-, Währungs-, Sozialunion

Mit der Öffnung der Grenzen trat den DDR-Bürgern der Kontrast in der Lebensqualität zwischen Westen und Osten in aller Deutlichkeit vor Augen. Hilfe erhofften sie sich von einer schnellen Einführung der freien Marktwirtschaft.

In Leipzig riefen sie auf ihren Demonstrationen: „Kommt die D-Mark, bleiben wir, kommt sie nicht, gehn wir zu ihr!"

Es entstand die politische Sorge, eine fortgesetzte Abwanderung aus der DDR werde das soziale und ökonomische Netz der Bundesrepublik sprengen. Zur Abhilfe schlug die Bundesregierung vor, eine Wirtschafts-, Währungs- und Sozialunion zu schaffen, die auch in der DDR die D-Mark einführen und in vielen Bereichen das soziale System der Bundesrepublik auf die DDR übertragen sollte. Der am 18. Mai 1990 unterzeichnete Vertrag trat am 1. Juli 1990 in Kraft. Am selben Tag wurden alle Grenzkontrollen zwischen der DDR und der Bundesrepublik Deutschland aufgehoben.

5 Erläutert, was die Menschen meinten, wenn sie riefen: „Kommt die D-Mark, bleiben wir, kommt sie nicht, gehn wir zu ihr."

6 Beschreibt mithilfe der Übersicht die Inhalte der Wirtschafts-, Währungs- und Sozialunion in der DDR.

Wirtschaftliche Folgen der Vereinigung

Viele, die sich von der Wirtschafts- und Währungsunion eine schnelle Verbesserung ihrer Situation erhofft hatten, wurden enttäuscht. Vor allem die westdeutsche Wirtschaft scheute sich zunächst, in großem Maße in der DDR zu investieren. Das lag vor allem an den zumeist ungeklärten Eigentumsverhältnissen. So existierten zum Beispiel keine vollständigen aktuellen Grundbuchverzeichnisse. Ganz unsicher war auch, inwiefern ehemalige DDR-Bürger, die jetzt im Westen lebten, Ansprüche auf früheren Grundbesitz in der DDR erheben konnten. Die ostdeutsche Wirtschaft litt außerdem unter dem starken Rückgang des Handels mit den osteuropäischen Ländern. Nach der Einführung der D-Mark in der DDR waren die Produkte der DDR für diese Länder zu teuer geworden. Verstärkt wurde die Negativentwicklung durch das Kaufverhalten vieler DDR-Bürger. Sie zogen auch bei gleicher Qualität westliche Produkte vor, da sie das Vertrauen in die eigene Produktion verloren hatten. Das führte zu verstärkten Absatzschwierigkeiten der DDR-Betriebe und in der Folge zu Entlassungen von Arbeitnehmern.

7 Stellt die wirtschaftlichen Folgen der Vereinigung in einer Liste zusammen.

8 Notiert Gründe für die steigende Arbeitslosigkeit in der ehemaligen DDR.

Neue Nutzung: ein als Wochenendhaus ausgebauter ehemaliger Wachtturm an der ehemaligen innerdeutschen Grenze bei Dömitz.

1. Juli 1990: Inkrafttreten des deutsch-deutschen Staatsvertrages über eine Wirtschafts-, Währungs- und Sozialunion.

Wege zur Einheit – Zwei-plus-Vier

1 Helmut Kohl, Michail Gorbatschow und Außenminister Hans-Dietrich-Genscher während einer Verhandlungspause bei den Beratungen im Kaukasus.
Foto, 15. Juli 1990.

„Zwei-plus-Vier"-Verhandlungen

Der Weg zur deutschen Einheit musste auch außenpolitisch geebnet werden. Nach 1945 übten die vier Siegermächte des Zweiten Weltkriegs die Oberhoheit über Deutschland aus (siehe S. 22/23). Teile ihrer Rechte über Deutschland übertrugen sie auf die beiden deutschen Staaten.

1990 wurden in Verhandlungen zwischen der Bundesrepublik, der DDR und den vier Siegermächten auch noch die letzten Vorrechte abgelöst. Diese Verhandlungen wurden „Zwei-plus-Vier"-Verhandlungen genannt. Ein besonderes Problem stellte dabei die Frage dar, ob ein vereintes Deutschland der NATO (siehe S. 43) angehören dürfe.

In einem Interview meinte Gorbatschows Deutschlandexperte Valentin Falin im Frühjahr 1990:

Q1 … Im gemeinsamen europäischen Haus können alle Staaten gutnachbarlich miteinander leben, wenn sie gegeneinander militärisch neutralisiert sind, der Faktor Gewalt so abgebaut ist, dass kein Staat den anderen als potenziellen Gegner ansieht. …
Wer dafür ist, dass ganz Deutschland an die NATO fällt, ist nicht für die deutsche Einheit. Wer dafür ist, dass ein halbes Deutschland in der NATO bleibt, der ist halbherzig für die deutsche Einheit. …

1 *Erklärt anhand von Q1 das Problem einer deutschen NATO-Mitgliedschaft aus russischer Sicht.*

Der Westen trat demgegenüber für ein Verbleiben Gesamtdeutschlands in der NATO ein. Bundeskanzler Kohl und Außenminister Genscher versuchten in Verhandlungen, sowjetische Sicherheitsbedenken auszuräumen. Außerdem versprach die deutsche Seite auch eine tiefergehende Zusammenarbeit mit der UdSSR, vor allem in Wirtschaftsfragen. Bei einem Treffen des Bundeskanzlers mit Michail Gorbatschow am 15./16. Juli 1990 stimmte die Sowjetunion der Zugehörigkeit eines vereinigten Deutschlands zur NATO zu. Die sowjetischen Truppen sollten innerhalb von vier Jahren aus der DDR abgezogen werden. Im Gegenzug sollte die dann gesamtdeutsche Bundeswehr von 500 000 auf 370 000 Mann verkleinert werden.

2 *Beschreibt, wie die deutschen Politiker die sowjetischen Sicherheitsbedenken gegen eine Einigung beseitigt haben.*

3 *Untersucht, was das Foto oben über die Atmosphäre bei den Verhandlungen zwischen Bundeskanzler Kohl und Präsident Gorbatschow am 15./16. Juli im Kaukasus aussagt.*

Nach diesem Erfolg war der Weg für den Abschluss der „Zwei-plus-Vier"-Verhandlungen frei. Am 12. September wurde in Moskau der „Vertrag über die abschließende Regelung in Bezug auf Deutschland" von den Außenministern Großbritanniens, Frankreichs, der USA, der UdSSR und beider deutscher Staaten unterschrieben.

Valentin Falin (geb. 3. 4. 1926, gest. 22. 2. 2018), war von 1971 bis 1978 Botschafter der UdSSR in Bonn und von 1986 bis 1988 Direktor der Presseagentur Nowosti.

Wege zur Einheit – Zwei-plus-Vier

2 Unterzeichnung des Abschlussdokuments über die Vereinigung von Bundesrepublik Deutschland und DDR in Moskau – die Außenminister der unterzeichnenden Staaten (v. l.): James Baker (USA), Douglas Hurd (GB), Eduard Schewardnadse (UdSSR), Roland Dumas (F), Lothar de Maizière (DDR) und Hans Dietrich Genscher (D). Foto, 12. September 1990.

Sprengung eines Wachtturms an der innerdeutschen Grenze. Foto, 1990.

Die wichtigsten Vereinbarungen lauteten:

Q2 … Artikel 1

(1) Das vereinte Deutschland wird die Gebiete der Bundesrepublik Deutschland, der Deutschen Demokratischen Republik und ganz Berlins umfassen …

(2) Das vereinte Deutschland und die Republik Polen bestätigen die zwischen ihnen bestehende Grenze in einem völkerrechtlich verbindlichen Vertrag.

(3) Das vereinte Deutschland hat keinerlei Gebietsansprüche gegen andere Staaten und wird solche auch in Zukunft nicht erheben.

Artikel 2

Die Regierungen der Bundesrepublik Deutschland und der Deutschen Demokratischen Republik bekräftigen ihre Erklärungen, dass von deutschem Boden nur Frieden ausgehen wird. …

Artikel 3

(2) Die Regierung der Bundesrepublik Deutschland verpflichtet sich, die Streitkräfte des vereinten Deutschland innerhalb von drei bis vier Jahren auf … 370 000 Mann … zu reduzieren. …

Artikel 7

(1) Die Französische Republik, das Vereinigte Königreich Großbritannien und Nordirland, die Union der Sozialistischen Sowjetrepubliken und die Vereinigten Staaten von Amerika beenden hiermit ihre Rechte und Verantwortlichkeiten in Bezug auf Berlin und Deutschland als Ganzes …

4 *Notiert die Bedingungen für die Vereinigung beider deutscher Staaten.*

5 *Erläutert, warum ein Vertrag über den Grenzverlauf zwischen der Bundesrepublik und Polen notwendig wurde. Nehmt die Informationen von S. 23 und 29 zu Hilfe.*

Vertrag mit Polen

Am 15. November 1990 unterzeichnete Bundesaußenminister Genscher in Warschau einen Vertrag mit der Republik Polen, in dem der Grenzverlauf zwischen Deutschland und Polen entlang der Grenze der ehemaligen DDR bestätigt wurde.

In einer Erklärung vor dem Bundestag dankte Bundesaußenminister Genscher den Regierungen von Großbritannien, Frankreich, der USA und der UdSSR für ihre Hilfe zur Verwirklichung der Einheit Deutschlands.

Zum Vertrag mit Polen sagte er:

Q3 … Für Millionen Deutsche, die ihre Heimat unter schmerzlichen Bedingungen aufgeben mussten, bedeutet diese Entscheidung einen besonderen und persönlichen Beitrag zum Frieden in Europa. Schon mit dem Warschauer Vertrag* (1970) haben wir den Teufelskreis von Unrecht und Gegenunrecht für immer durchbrochen und damit den Weg für die Aussöhnung mit dem polnischen Volk geebnet. Unser Verhältnis zu Polen drückt in besonderer Weise unsere europäische Berufung aus. …

Wir Deutschen wollen nichts anderes, als in Freiheit, in Demokratie und in Frieden mit allen Völkern Europas und der Welt leben. …

6 *Erläutert den Grundgedanken von Genschers Rede schriftlich (Stichworte). Nehmt die Informationen der Randspalte zu Hilfe.*

Warschauer Vertrag*:
Vertrag zwischen der Bundesrepublik Deutschland und der Volksrepublik Polen vom 7. Dezember 1970. Beide Länder erklärten darin ihre bestehenden Grenzen als unverletzlich. Die Bundesrepublik bestätigte damit die Oder-Neiße-Linie als Westgrenze Polens – wie sie auch schon auf der Potsdamer Konferenz 1945 vorgesehen war. Beide Länder sicherten zu, keine weiteren Gebietsansprüche zu erheben. Für die Bundesrepublik war der Warschauer Vertrag Teil der so genannten Ostverträge, die der Entspannung zwischen Ost und West dienen sollten.

Die Vereinigung der beiden Staaten

1 Seit Dezember 1989 war die deutsche Einheit das zentrale Thema der Demonstrationen in der DDR.

2 „Ich werd verrückt, die Wiedervereinigung steht vor der Tür!" Karikatur von H. Haitzinger, 1989.

3. Oktober 1990:
Tag der Deutschen
Einheit.

Die Vereinigung

Seit dem Frühjahr 1990 hatte das Parlament der DDR, die Volkskammer, mit einigen Reformgesetzen den Übergang zu einer rechtsstaatlichen Ordnung in der DDR vorbereitet und eine Anpassung an die Verhältnisse der Bundesrepublik eingeleitet.

So wurden u. a. auch fünf neue Länder gebildet: Sachsen, Sachsen-Anhalt, Thüringen, Mecklenburg-Vorpommern und Brandenburg. Westberlin und Ostberlin sollten nach der Vereinigung das Land Berlin bilden.

Am 23. August 1990 beschloss die Volkskammer den Beitritt der DDR zur Bundesrepublik. Er sollte am 3. Oktober wirksam werden. Die ersten gesamtdeutschen Wahlen wurden auf den 2. Dezember 1990 festgelegt. Das genaue Verfahren der Einigung regelte der Einigungsvertrag, der am 6. September 1990 von den Regierungen der Bundesrepublik und der DDR unterschrieben wurde und den am 20. September die Volkskammer und der Bundestag billigten.

1 *Erläutert die Karikatur (Abbildung 2).*
Entwickelt einen Dialog zwischen dem Paar.

Tag der Deutschen Einheit

Am 3. Oktober 1990 wurde die Einigung vollzogen. In Berlin wurde der Tag mit einem feierlichen Festakt und dem Hissen der Bundesfahne gefeiert (siehe S. 64/65). In allen Städten Deutschlands feierten die Menschen die wiedergewonnene Einheit als die Erfüllung einer lang gehegten Hoffnung. Der 3. Oktober löste als neuer „Tag der Deutschen Einheit" den bisherigen Feiertag in der Bundesrepublik am 17. Juni ab, der an den Volksaufstand von 1953 in der DDR erinnert hatte.

2 *Erkundigt euch bei euren Eltern und Nachbarn, ob und wie sie die Wiedervereinigung feierten.*

Wahlen in den neuen Bundesländern

Am 14. Oktober 1990 fanden die ersten Wahlen in den neuen Bundesländern statt. Mit der Wahl und der Bildung einer neuen Landesregierung begann in jedem der neuen Bundesländer der Aufbau einer demokratischen Staatsordnung. Der neue Landtag des vereinigten Berlin wurde am 2. Dezember zusammen mit dem ersten gesamtdeutschen Bundestag gewählt.

Die ersten gesamtdeutschen Wahlen

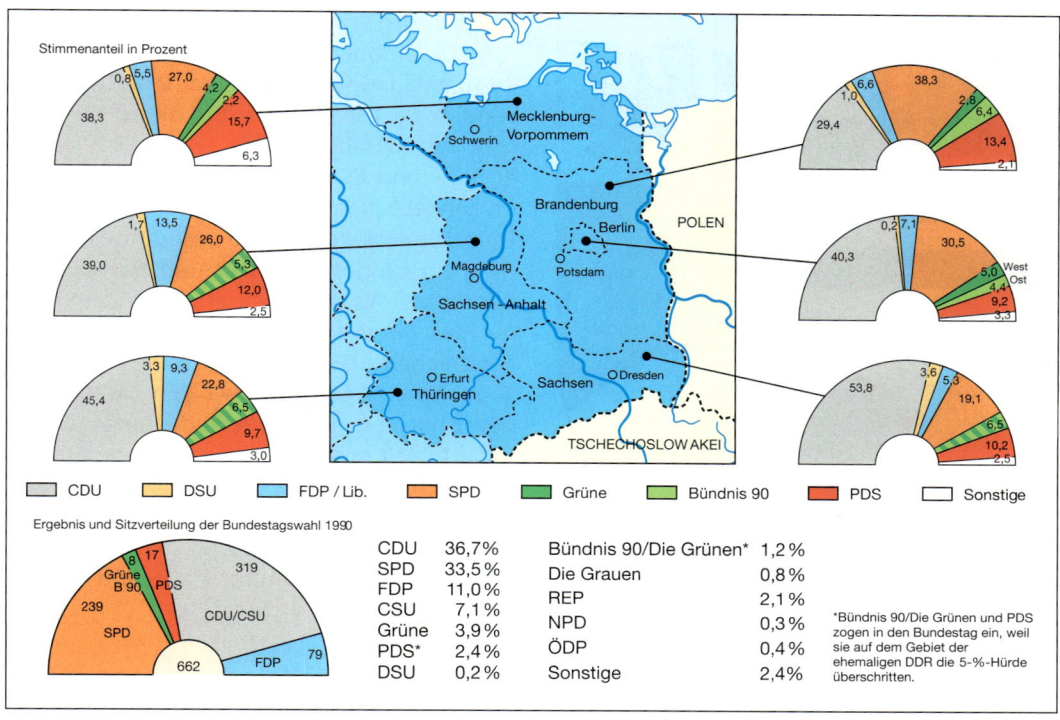

3 Wahlergebnisse der ersten gesamtdeutschen Wahlen und der Wahlen in Berlin am 2. Dezember 1990 sowie der Landtagswahlen in den neuen Bundesländern am 14. Oktober 1990.

Gesamtdeutsche Bundestagswahlen

Im Vorfeld der Wahlen hatte es einen heftigen Streit um die so genannte 5-Prozent-Klausel* gegeben, in den auch das Bundesverfassungsgericht eingeschaltet wurde. Damit die neuen Parteien auf dem Gebiet der ehemaligen DDR nicht benachteiligt wurden, galt schließlich folgende Regelung: Eine Partei konnte dann in den Bundestag einziehen, wenn sie entweder in dem Gebiet der alten Bundesrepublik oder in der ehemaligen DDR mindestens 5 Prozent der Stimmen gewonnen hatte.

Im Wahlkampf betonten die Parteien der bisherigen Regierungskoalition die Freude über die erreichte Einheit, während die Opposition die Frage nach den entstehenden Kosten in den Vordergrund rückte und deren sozial gerechte Verteilung forderte.

Die Wahlen am 2. Dezember brachten einen eindeutigen Sieg für die Koalition aus CDU/CSU und FDP. Dieses Ergebnis wurde auch als unmissverständliche Zustimmung der Deutschen zu dem Vereinigungsprozess gewertet. Zum ersten Bundeskanzler für das vereinte Deutschland wurde Helmut Kohl (CDU) gewählt.

3 *Lest den Text und untersucht, welche Schwerpunkte die Parteien gesetzt haben.*
4 *Fasst mithilfe der Grafik oben das Wahlergebnis für Sachsen-Anhalt zusammen.*
5 *Vergleicht die Stimmenanteile der CDU und der SPD in den neuen Bundesländern mit dem Wahlergebnis auf Bundesebene.*
6 *Erläutert, welche Voraussetzungen die Wahl für die künftige Bundesregierung geschaffen hat.*

5-Prozent-Klausel:*
Nur Parteien, die mindestens 5,0 Prozent der abgegebenen gültigen Zweitstimmen haben, können in das Parlament einziehen. Eine Partei mit weniger als 5 Prozent der Zweitstimmen erhält keine Sitze im Parlament außer den Direktmandaten. Wurden aber drei ihrer Kandidaten direkt gewählt, dann bekommt sie die entsprechenden „Zweitstimmen"-Sitze im Parlament, auch wenn sie keine 5 Prozent erreicht hat.

Die Gründung des Landes Sachsen-Anhalt

1 Das Wappen des Bundeslandes Sachsen-Anhalt.

Ein neues Bundesland

Von der Wiederrichtung des Landes Sachsen-Anhalt nahm die Bevölkerung zunächst nur wenig Notiz. Dies lag möglicherweise auch an einer weitverbreiteten Unkenntnis der Bürgerinnen und Bürger in Bezug auf die vormaligen Territorien und Traditionen Sachsen-Anhalts. Das nur sieben Jahre bestehende Land Sachsen-Anhalt in der DDR (1946–1952) hatten in der Bevölkerung kaum Spuren hinterlassen. Mit dem Beitritt der DDR zum Bundesgebiet am 3. Oktober 1990 entstand auch das neue Land Sachsen-Anhalt.

Viele grenznahe Gebiete strebten frühzeitig den Anschluss an benachbarte Länder an, so etwa der frühere braunschweigische Kreis Blankenburg sowie eine Reihe von Orten nahe der Grenze zu Niedersachsen und zum künftigen Land Brandenburg (Gebiete der Altmark). In einer Reihe von Kreisen wurden Volksbefragungen abgehalten. Der Kreis Artern beispielsweise entschied sich für die Zugehörigkeit zu Thüringen, der Kreis Jessen hingegen für Sachsen-Anhalt.

Magdeburg wird Landeshauptstadt

Am 14. Oktober 1990 gab es erstmals seit 1946 eine freie und demokratische Landtagswahl in Sachsen-Anhalt. Bei dieser Wahl erhielt die CDU 48, die SPD 27, die FDP 14, die PDS 12 und Bündnis 90/Die Grünen 5 Sitze im Landesparlament.

Der neugewählte Landtag bestimmte Magdeburg zur Landeshauptstadt und zum Sitz des Landtages. Als Ausgleich erhielten die Verlierer des vorangegangenen Hauptstadtstreits verschiedene Behördensitze bzw. Aufgaben zugeordnet – Dessau etwa den Landesrechnungshof und das Landesverfassungsgericht, Halle erhielt eine Vielzahl von Landesämtern sowie ein Regierungspräsidium. Später wurde das einheitliche Landesverwaltungsamt hier eröffnet. Außerdem wurden die drei Regierungsbezirke Magdeburg, Halle und Dessau geschaffen.

Die Landesverfassung

Eine der wichtigsten Aufgaben nach der Neugründung war die Schaffung einer Landesverfassung. Der erste gewählte Landtag erarbeitete sie als verfassungsgebende Versammlung. Am 15. Juli 1992 wurde die neue Verfassung beschlossen. Sie war von einem Verfassungsausschuss unter Berücksichtigung von über 3000 Bürgerzuschriften entworfen worden. Eine Volksabstimmung über die Verfassung fand nicht statt.

Die politische Entwicklung des Landes

Über die weitere politische Entwicklung berichtet der Historiker Mathias Tullner 2008:

M1 … Die politische Entwicklung Sachsen-Anhalts verlief nach der Wiedergründung des Landes wechselhaft und turbulent. Im Juni 1994 fanden die zweiten Landtagswahlen statt, welche die politischen Verhältnisse völlig veränderten. Die CDU wurde bei erheblichen Verlusten zwar stärkste Partei, es wurde jedoch eine Minderheitsregierung von SPD und Bündnis 90/Die Grünen unter Ministerpräsident Reinhard Höppner (SPD) gebildet, die von der erheblich gestärkten Partei des Demokratischen Sozialismus (PDS) toleriert wurde. Die FDP dagegen verlor so viele

Die Gründung des Landes Sachsen-Anhalt

2 **Die erste Landesregierung nach der Wahl 1990:** Dr. Horst Rehberger (FDP/Wirtschaft), Werner Schreiber (CDU/Arbeit und Soziales), Prof. Dr. Werner Münch (CDU/Finanzen), Prof. Dr. Gerd Brunner (FDP/Bundes- und Europaangelegenheit), Wolfgang Rauls (FDP/Umwelt- und Naturschutz), Dr. Gerd Gies (CDU/Ministerpräsident), Walter Remmers (CDU/Justiz), Wolfgang Braun (CDU/Inneres), Otto Mintus (CDU/Ernährung und Forstwirtschaft) und Dr. Werner Sobetzko (CDU/Bildung, Wissenschaft und Kultur). Foto, 2. November 1990.

Wählerstimmen, dass sie nicht mehr im Landtag vertreten war. …

Die Lage setzte sich fort, da 1998 wiederum keine eindeutigen Mehrheiten zustande gekommen waren. Zwar hatte die SPD deutlich an Stimmen gewinnen können, aber mit Bündnis 90/Die Grünen war ihr Koalitionspartner an der 5-Prozenthürde gescheitert und nicht mehr im Landtag vertreten. Andererseits hatte die CDU dramatisch an Stimmen verloren, während die PDS ihren Stimmenanteil weiter erhöhen konnte. Die eigentliche Sensation dieser Wahl aber war, dass die rechtsextreme Deutsche Volksunion (DVU), welche in Sachsen-Anhalt bislang kaum in Erscheinung getreten war, auf 12,9 Prozent der abgegebenen Stimmen und 16 Landtagsmandate kam. …

Bei den im April 2002 erfolgten Landtagswahlen verschob sich die politische Landschaft in Sachsen-Anhalt abermals erheblich. Gewinner dieser Wahl war die CDU, die mit der wieder in den Landtag einziehenden FDP eine stabile Mehrheit für eine Koalition aufwies. Es wurde eine Landesregierung unter Ministerpräsident Wolfgang Böhmer (CDU) gebildet. Die SPD hatte dagegen bedeutend an Stimmen verloren, während die PDS abermals Stimmen hinzugewann. Die DVU war in die politische Bedeutungslosigkeit abgesunken und zog nicht mehr in den Landtag ein. Die Zeit der Regierung Böhmer erscheint auch vor dem Hintergrund eines gesamtdeutschen Aufschwungs als Konsolidierungsphase*, politische Skandale und spektakuläre Vorfälle waren selten. … Seit den Wahlen 2006 regiert Wolfgang Böhmer gestützt auf eine CDU/SPD-Koalition.

1 Berichtet über die Gründung des Landes Sachsen-Anhalt und seine politische Entwicklung.
2 Erkundigt euch bei Eltern und Großeltern über die Probleme des Neuanfangs nach 1990.

Konsolidierung*:
Stabilisierung; etwas Bestehendes sichern

1 | Präsentation mit Plakaten.

2 | Präsentation mithilfe des Overhead-
projektors.

3 | Freier Vortrag mit Notizen auf Karteikarten.

Präsentation vorbereiten

Wenn die verschiedenen Arbeitsgruppen eurer Klasse die einzelnen
Themen (z. B. zum Thema „Deutsche Einheit") erarbeitet haben,
steht die Präsentation der Arbeitsergebnisse auf der Tagesordnung.
Nichts ist langweiliger als ein uninteressantes Referat! Also müsst ihr
die Präsentation eurer Arbeitsergebnisse gut vorbereiten.
Wenn ihr dabei einige Regeln beachtet, gelingt euch sicher ein spannender Vortrag, dessen wichtigste
Ergebnisse auch nicht gleich wieder
vergessen werden.

1. Schritt:
Gliederung der Präsentation

In der Einleitung solltet ihr die Aufmerksamkeit der Zuhörerinnen und
Zuhörer wecken, indem ihr das Thema benennt und beschreibt, welche
Frage ihr untersucht und klären
wollt. Ein Bild, eine Karikatur oder
eine kleine Geschichte hilft, das
Interesse zu wecken. Am Ende der
Einleitung informiert ihr eure Zuhörer auch darüber, auf welche
Materialien und Quellen ihr eure
Präsentation stützt.
Im Hauptteil, der wiederum gut
gegliedert sein muss, informiert ihr
anhand von Materialien (Schaubildern, Grafiken, Tabellen und Text-

auszügen) schrittweise über euer
Thema, indem ihr die Frage aus der
Einleitung wieder aufnehmt und mit
klaren Aussagen beantwortet.
Der Schlussteil (Zusammenfassung)
fasst die wesentlichen Aussagen
zum Thema nochmals zusammen
und zeigt auf, welche Fragen offen
sind.

2. Schritt:
Gliederung und Kernaussagen
visualisieren (veranschaulichen)

Ihr alle wisst aus Erfahrung, dass die
Aufmerksamkeit während eines Vor-
trags nach kurzer Zeit nachlässt.
Dem kann man mit verschiedenen
Hilfsmitteln entgegenwirken. Auf

4 **Wahlkampf für die ersten gesamtdeutschen Wahlen im Dezember 1990.** Wahlplakat der CDU mit dem Spitzenkandidaten Helmut Kohl (links). Das Plakat trägt die Aufschrift „Kanzler für Deutschland – Freiheit, Wohlstand, Sicherheit". Daneben das Plakat der SPD mit ihrem Spitzenkandidaten Oskar Lafontaine (heute in der Partei Die Linke). „Jetzt das moderne Deutschland wählen – SPD: ökologisch, sozial, wirtschaftlich stark". Foto, 29. Oktober 1990.

jeden Fall sollte man die Gliederung der Präsentation an die Tafel oder auf eine Overheadfolie schreiben. Wenn man die wichtigsten Aussagen des Hauptteils auf Overheadfolien oder in einer Powerpointpräsentation in den Vortrag einblendet, unterstützt man die Zuhörerinnen und Zuhörer.

Der Einsatz einer Powerpointpräsentation lohnt sich nur bei einem längeren Vortrag. Der Einsatz der Folien (Overhead/Powerpoint) muss sparsam erfolgen. Eingeblendete Materialien sind kein Selbstzweck, vielmehr sollen sie den Informationsgehalt der Präsentation verstärken und nicht von ihr ablenken. Anstelle einer Powerpointpräsentation könnt ihr euer Material auch an einer Wandzeitung (siehe Methode S. 117) oder an der Tafel darstellen.

3. Schritt:
Frei und zur Klasse sprechen

Abgelesene Texte schläfern ein! Also müsst ihr versuchen, möglichst frei zu sprechen und immer zur Klasse hin und nicht zur Tafel oder zur Projektionswand.

Das freie Sprechen kann man üben: Zunächst notiert ihr euch Stichworte eures Vortrages und lernt die Reihenfolge auswendig. Dann „probt" ihr den Vortrag vor Freunden oder vor einer kleinen Gruppe – das machen Politiker und bekannte Redner auch. Jetzt seid ihr fit für eine spannende und interessante Präsentation. Wenn ihr beim Vortrag hängenbleibt, sagt ihr einfach: „Jetzt muss ich mal auf meinen Zettel schauen", das nimmt euch niemand übel.

4. Schritt:
Handout verteilen

Am Ende eurer Präsentation verteilt ihr ein Blatt (Handout) mit den wichtigsten Ergebnissen an die Klasse und fordert zur Diskussion auf.

Wichtiger Hinweis

Oft scheitert eine Präsentation daran, dass im entscheidenden Augenblick der Laptop oder der Beamer nicht funktioniert oder gerade ausgeliehen ist bzw. ein wichtiges Kabel fehlt. Deswegen müsst ihr das benötigte Gerät frühzeitig reservieren, überprüfen und ausprobieren.

1 *Erarbeitet mithilfe der vier Schritte die Präsentation eurer Gruppenarbeit zu einem Teilthema dieses Kapitels.*

2 *Bittet nach eurer Präsentation um eine Rückmeldung zu Inhalt und Darstellung eurer Arbeit.*

Das Erbe der Stasi

Joachim Gauck (geb. 24.1.1940), evangelischer Theologe, war von 1990 bis 2000 erster Beauftragter der Bundesregierung für die Unterlagen des Staatssicherheitsdienstes der ehemaligen Deutschen Demokratischen Republik (BStU). Joachim Gauck war von 2012 bis 2017 Bundespräsident.

Roland Jahn (geb. 14.7.1953), Jahn war zu DDR-Zeiten SED-Gegner und Bürgerrechtler. Der Journalist übernahm das Amt des Bundesbeauftragten für die Unterlagen des Staatssicherheitsdienstes der ehemaligen Deutschen Demokratischen Republik (BStU). am 14.3.2011 von Marianne Birthler, der Nachfolgerin Joachim Gaucks.

Internettipp:
www.bstu.bund.de/ DE/Home/home_ node.html

1 Sichergestellte Stasiakten in Berlin-Lichtenberg. Sitz der Bundesbeauftragten für die Unterlagen des Staatssicherheitsdienstes der ehemaligen Deutschen Demokratischen Republik (BStU), in den Medien inzwischen kurz Birthler-Behörde genannt. Foto, 1995.

Die Stasi

Zur Zeit des Zusammenbruchs des DDR-Regimes hatten etwa 90 000 festangestellte und weit über 100 000 inoffizielle Mitarbeiter (IM) für die Staatssicherheit gearbeitet. Bei etwa 16 Millionen Einwohnern der DDR bedeutete dies, dass weit über ein Prozent der Gesamtbevölkerung für den Geheimdienst tätig war. Das ist eine erstaunlich hohe Zahl.

Doch der Grad der Verstrickung in das Spitzelsystem der Stasi konnte ganz unterschiedlich sein. Zum Teil wurden Bürger sogar ohne ihr Wissen als IM benutzt, waren also gar nicht aktive Informanten der Stasi.

Wie man IM wurde

Nach Schätzungen der Birthler-Behörde scheint die überwiegende Mehrheit der inoffiziellen Mitarbeiter für die Stasi durchaus aus politischer Überzeugung tätig gewesen zu sein. Viele IM kamen aber auf anderem Wege in den Dienst der Stasi.

Der folgende Bericht aus einer Stasiakte gibt ein Beispiel:

Q1 … Der Kandidat wurde uns bekannt durch die aktive Beteiligung an den Veranstaltungen der Studentengemeinde … während seines Studiums. … Durch eine Reihe eingeleiteter Maßnahmen wurde sein beruflicher Einsatz [d. h. seine spätere Einstellung durch mögliche Arbeitgeber] … verhindert. Da auch weitere Bewerbungen im Bezirk fehlschlugen, stand der Kandidat noch im März 1969 ohne feste Arbeit in finanziellen Schwierigkeiten. Nach erfolgter Analysierung der vorhandenen Unterlagen im Vorgang und zur Person wurde beschlossen, den Kandidaten unter Ausnutzung seiner Schwierigkeiten bei der Aufnahme einer Arbeit und der daraus resultierenden gedrückten moralischen Haltung anzusprechen und bei entsprechend positiver Reaktion gegenüber unserem Organ aus dem Vorgang heraus [d. h. für die Stasimitarbeit] zu werben. … Im Verlauf

Das Erbe der Stasi

dieses Gesprächs wurde der Kandidat zur Zusammenarbeit mit unserem Organ verpflichtet, da eingeschätzt werden konnte, dass die von ihm gemachten Angaben unseren Ermittlungen entsprachen. Beim Kandidaten war der Wille zu spüren, seine in der Vergangenheit gemachten Fehler zu revidieren und an der Sicherung unseres Staates mitzuwirken. ... Unter Wahrung der Konspiration* wurde über den 1. Sekretär der SED-Kreisleitung ... eine Einstellung des Kandidaten im VEB ... erreicht. ...

Es gibt aber auch Beispiele, dass „IM-Kandidaten" die Mitarbeit versagten.
In einer Akte findet sich etwa folgende schriftliche Erklärung des „IM-Kandidaten":

Q2 ... Auch nach gründlicher und intensiver Prüfung vor meiner religiösen Überzeugung als Christ muss ich Ihnen bekennen, dass ich eine derartige Handlung nicht mit den Grundsätzen meines Glaubens vereinbaren kann. Ich war nicht in der Lage, ein solches Handeln in meiner Situation vor dem Neuen Testament rechtfertigen zu können. Matthäus 16,26: „Was hülfe es dem Menschen, so er die ganze Welt gewönne und nähme doch Schaden an seiner Seele?" ...

1 Beschreibt die Methoden, mit denen die Stasi den inoffiziellen Mitarbeiter (IM) in Q1 „anwarb".
2 Lest Q1 noch einmal und achtet besonders auf die verwendeten Begriffe. Lassen sich aus der verwendeten Sprache Erkenntnisse über das moralische Wertesystem der Stasi ziehen?
3 Erläutert, welche Konsequenzen die angesprochenen „IM-Kandidaten" für sich und ihre Familien bedenken mussten. Nehmt dazu Q2 zu Hilfe.

Das totale Überwachungssystem
Aus dem Bericht des Leipziger Bürgerkomitees zur Auflösung der Stasi:

Q3 ... Über ein Anschaltfeld in den Kelleretagen des Fernmeldeamtes Leipzig war es möglich, 2000 Fernsprechteilnehmer aus dem Bezirk an die Aufnahmegeräte der Abteilung XXVI des MfS anzuschließen. Nach Aussagen eines Mitarbeiters dieser Abteilung war

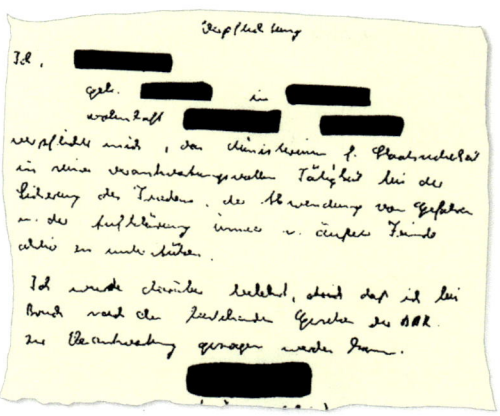

2 Verpflichtungserklärung zum inoffiziellen Mitarbeiter (IM).

die Abhöranlage nur zu Zeiten der Leipziger Messe voll ausgelastet. Zwischenzeitlich seien „nur" 1000 Teilnehmer geschaltet gewesen. 360 Bandaufnahmen von überwachten Bürgern konnten gleichzeitig laufen. Die gesamte Anlage funktionierte automatisch. ... Zielpersonen dieser Abhöraktionen waren Ausreiseantragsteller, Bürger mit dem Verdacht auf Republikflucht oder auf oppositionelle Haltungen und Handlungen, Intellektuelle, aber auch Funktionäre und leitende Kader in Kombinaten*, Hochschulen und staatlichen Einrichtungen. Während das widerrechtliche Verfahren des Mithörens ungeniert und weiträumig betrieben wurde, ging man beim Einsatz von Wanzen, im Stasi-Deutsch „Raummikrofone" genannt, offensichtlich etwas zögerlicher vor. Nach Auskunft von Mitarbeitern seien etwa zwei Dutzend Wanzen im Einsatz gewesen. ...

4 Versucht euch in die Situation bespitzelter Bürger zu versetzen. Beschreibt, was dieses totale Überwachungssystem für die Privatsphäre des Einzelnen bedeutet.

Konspiration:*
Verschwörung, Geheimhaltung.

In Halle gab es das Stasi-Untersuchungsgefängnis „Roter Ochse", das heute als Gedenkstätte zu besichtigen ist:
Stiftung Gedenkstätten Sachsen-Anhalt
Gedenkstätte ROTER OCHSE Halle (Saale)
Am Kirchtor 20b
06108 Halle (Saale)
Tel.: 0345/2 20 13 37
https://gedenkstaette-halle.sachsen-anhalt.de/

Kombinat:*
Zusammenschluss produktionsmäßig eng zusammengehörender Industriezweige zu einem Großbetrieb.

Filmtipp:
Das Leben der Anderen. Deutschland, 2006.

Blick nach Europa: Der Kontinent wächst zusammen

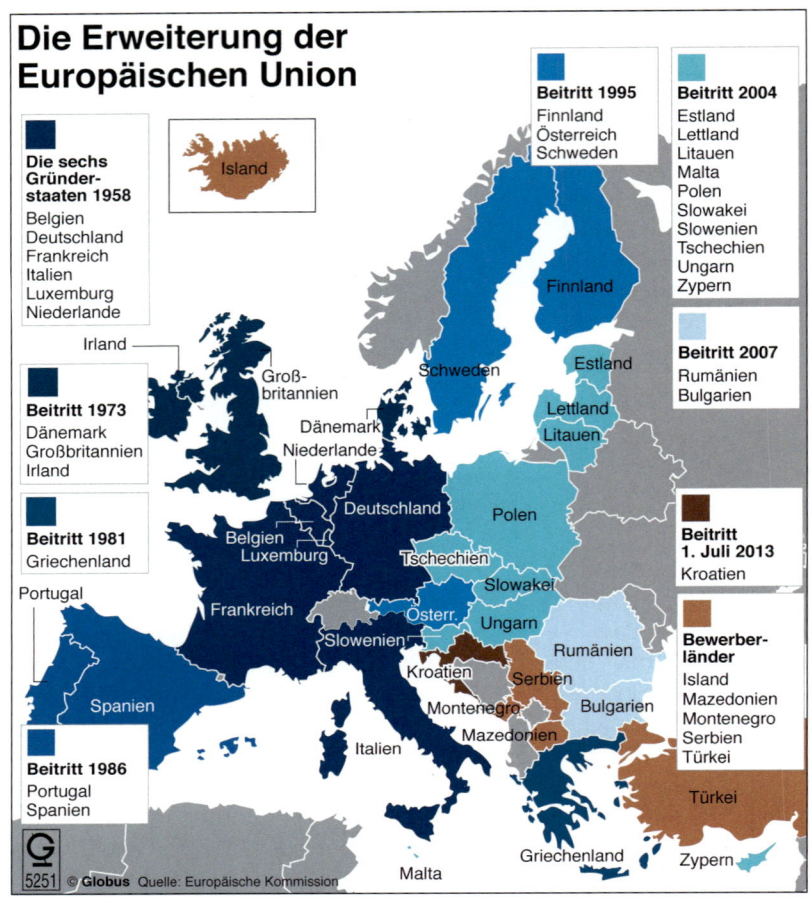

Die Erweiterung der Europäischen Union

Die sechs Gründerstaaten 1958
Belgien
Deutschland
Frankreich
Italien
Luxemburg
Niederlande

Beitritt 1973
Dänemark
Großbritannien
Irland

Beitritt 1981
Griechenland

Beitritt 1986
Portugal
Spanien

Beitritt 1995
Finnland
Österreich
Schweden

Beitritt 2004
Estland
Lettland
Litauen
Malta
Polen
Slowakei
Slowenien
Tschechien
Ungarn
Zypern

Beitritt 2007
Rumänien
Bulgarien

Beitritt 1. Juli 2013
Kroatien

Bewerberländer
Island
Mazedonien
Montenegro
Serbien
Türkei

5251 © **Globus** Quelle: Europäische Kommission

1 Der Ausbau der Europäischen Union. Schaubild, 2012.

Wege zur Einheit Europas

Seit dem Jahr 1990 entwickelte sich der Prozess der europäischen Einigung kontinuierlich. Mit dem Fall der Mauer 1989 und der Beendigung des Kalten Krieges 1990 ging auch die Teilung Europas zu Ende. Die Staaten Osteuropas traten nach längeren Verhandlungen ab 2004 der EU bei.

Die gemeinsame Idee von Europa und die wirtschaftlichen Interessen der Länder waren der Motor der Einigung:

– Der einheitliche Binnenmarkt brachte 1993 den Fortfall der Zölle im damaligen EU-Raum.
– Ihm folgte mit dem Schengener Abkommen der Wegfall der Passkontrollen in den meisten EU-Mitgliedsländern.
– Die schrittweise Einführung des Euros als allgemeines Zahlungsmittel in zwölf der damals 15 EU-Staaten am 1. Januar 2002 machte die wirtschaftliche und politische Einigung im Alltag sichtbar.
– Das Europäische Parlament, seit 1979 alle fünf Jahre direkt gewählt, gewann immer mehr Mitspracherechte bei der Gesetzgebung der EU. Seine parlamentarische Kontrollfunktion wurde wirksam ausgebaut.
– Die EU-Außenminister vereinbarten, dass die EU in wichtigen Fragen eine gemeinsame Politik formuliert.
– Die Aufnahme von weiteren Staaten Ost- und Südeuropas erweiterte die EU ab 2007 auf 27 Länder.

1 *Beschreibt mithilfe der Karte und des Texts den Erweiterungsprozess der EU nach 1990.*

Blick nach Europa: Der Kontinent wächst zusammen

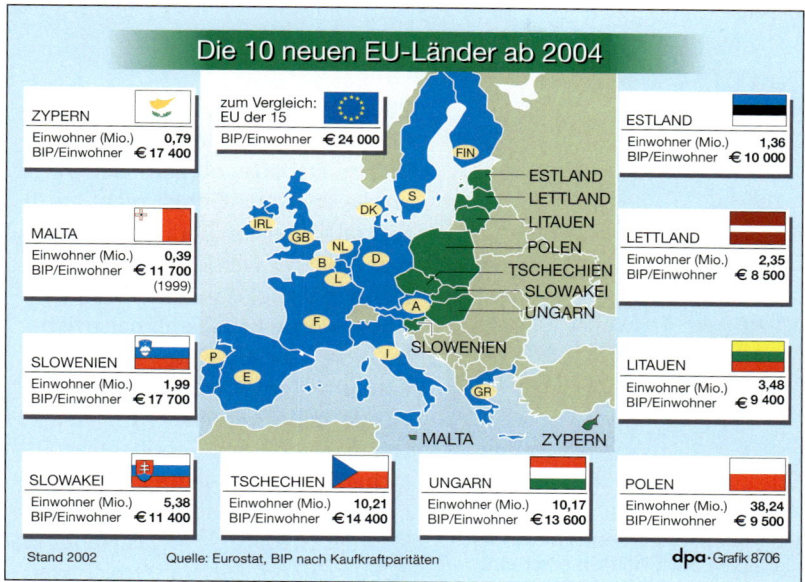

Die 10 neuen EU-Länder ab 2004

ZYPERN	
Einwohner (Mio.)	0,79
BIP/Einwohner	€ 17 400

zum Vergleich: EU der 15
BIP/Einwohner € 24 000

ESTLAND	
Einwohner (Mio.)	1,36
BIP/Einwohner	€ 10 000

MALTA	
Einwohner (Mio.)	0,39
BIP/Einwohner	€ 11 700 (1999)

LETTLAND	
Einwohner (Mio.)	2,35
BIP/Einwohner	€ 8 500

ESTLAND
LETTLAND
LITAUEN
POLEN
TSCHECHIEN
SLOWAKEI
UNGARN
SLOWENIEN
MALTA ZYPERN

SLOWENIEN	
Einwohner (Mio.)	1,99
BIP/Einwohner	€ 17 700

LITAUEN	
Einwohner (Mio.)	3,48
BIP/Einwohner	€ 9 400

SLOWAKEI	
Einwohner (Mio.)	5,38
BIP/Einwohner	€ 11 400

TSCHECHIEN	
Einwohner (Mio.)	10,21
BIP/Einwohner	€ 14 400

UNGARN	
Einwohner (Mio.)	10,17
BIP/Einwohner	€ 13 600

POLEN	
Einwohner (Mio.)	38,24
BIP/Einwohner	€ 9 500

Stand 2002   Quelle: Eurostat, BIP nach Kaufkraftparitäten   dpa · Grafik 8706

2 Die EU-Erweiterung im Jahr 2004.

Feiern in ganz Europa

Über die Feiern zur Erweiterung der EU am 1. Mai 2004 berichtete „Spiegel online":

Q1 … In den Hauptstädten der neuen Mitgliedsländer versammelten sich mehrere hunderttausend Menschen, um das historische Ereignis zu erleben. Auch in Berlin und zahlreichen Städten entlang der deutschen Grenze zu Polen und Tschechien strömten die Menschen zu Volksfesten zusammen.

In Frankfurt an der Oder kamen der polnische Außenminister Wlodzimierz Cimoszewicz und Bundesaußenminister Joschka Fischer auf der Stadtbrücke zusammen. Die Beziehungen beider Völker seien im 20. Jahrhundert von Krieg und schrecklichen Verbrechen gekennzeichnet gewesen, sagte Fischer. Nun seien beide in der Europäischen Union vereint. „Wir sollten stolz sein, dass wir den Gang der europäischen Geschichte verändern", sagte Cimoszewicz. Bei Ahlbeck auf der Ostseeinsel Usedom wurde die Erweiterung der EU mit einem grenzüberschreitenden Drahtseilakt begangen.

Der polnische Präsident Aleksander Kwaśniewski hat den Beginn der EU-Mitgliedschaft zum Anlass genommen, um Lech Wałesa und Papst Johannes Paul II. für ihre Beiträge zur Überwindung der kommunistischen Herrschaft zu danken. „Wir haben den Test bestanden, Europäer zu sein", sagte Kwaśniewski vor einer großen Menschenmenge auf dem zentralen Pilsudski-Platz in Warschau.

Mit dem Läuten von Kirchenglocken im ganzen Land wurde in Ungarn der Beitritt zur Europäischen Union begangen. Auf dem Heldenplatz von Budapest feierte eine große Menschenmenge die Rückkehr Ungarns ins Zentrum Europas. Ungarn sei immer an den Toren Europas gewesen, sagte Ministerpräsident Péter Medgyessy. „Der entscheidende Unterschied besteht nun darin, dass wir innerhalb der Tore sind."

Mit Polen, Ungarn, Tschechien, Estland, Lettland, Litauen, der Slowakei, Slowenien, Malta und Zypern wächst die Bevölkerung der EU von derzeit rund 370 Millionen auf 455 Millionen Menschen. Das mit Abstand größte Beitrittsland ist Polen mit fast 39 Millionen Menschen, was in etwa der Bevölkerungszahl Spaniens entspricht. Das kleinste Land ist Malta mit einer Bevölkerung von 400 000 Menschen, in etwa so viele wie Luxemburg. …

2 *Erläutert, warum die EU-Erweiterung so festlich gefeiert wurde und was sie für die Menschen Osteuropas bedeutete.*

1 Eine Ringparabel am Standort des ehemaligen Stadtschlosses: Mit einer optischen Illusion setzt dieser Denkmalsentwurf deutsche Teilung und deutsche Einheit in Szene. Während der Ring von diesem Standpunkt aus in zwei Hälften erscheint …

2 Ringparabel, zweiter Teil: … vereinigt er sich zu einem perfekten Ring, wenn der Beobachter einen Standpunkt bei der im Boden eingelassenen Erinnerungsplakette für den „Tag der Einheit" einnimmt. Entwurf von Bernadette Boebel, 1. Preis Gestaltungswettbewerb 2007.

3 Westseite Reichstag: Einer der eingereichten Entwürfe für den Wettbewerb „Ein Denkmal für Einheit und Freiheit" der Bundesstiftung Aufarbeitung 2007 sieht eine Art Amphitheater auf dem Rasen vor dem deutschen Parlament vor. Entwurf von André Boitard und Nils Weinert.

Ein Denkmal?

2006/2007 gab es im Bundestag und in der Öffentlichkeit eine heftige Debatte, ob zum Gedenken an die deutsche Einheit nicht an zentraler Stelle in Berlin ein Denkmal errichtet werden sollte. Die Debatte verlief ohne Ergebnis, bis heute wurde kein Denkmal errichtet. Von den 500 eingereichten Entwürfen eines Wettbewerbs wurde keiner verwirklicht.
Der Theologe und Schriftsteller Richard Schröder sagte 2006:

M1 … Ein Denkmal für Freiheit und Einheit … wäre … etwas Neues in Deutschland. Das Kaiserreich war sehr denkmalsfreudig und hat vor allem Siegerdenkmäler und Heldendenkmäler hinterlassen. … Auch die Gedenkkultur der DDR war ausschließlich Heldengedenken. In der Bundesrepublik ist eine Gedenkkultur entstanden, die einer anderen Art von Opfern gilt, den Opfern von Staatsverbrechen. Mahnmale sind das, und das ist so in Ordnung. Aber kein Mensch und kein Volk kann allein aus seinem Versagen Orientierung gewinnen und schon gar nicht Ermunterung. Deshalb könnte ein Denkmal für Freiheit und Einheit helfen. Nach zwei Kriegen und zwei deutschen Diktaturen hat uns das letzte Jahrzehnt des 20. Jahrhunderts die Einheit in Freiheit geschenkt. Ein Denkmal für einen erfreulichen Anlass, das sind wir nicht gewöhnt. Wir können es aber gebrauchen. …

1 *Prüft Schröders Argumente für ein Denkmal zur Einheit 1990.*
2 *Was müsste für euch ein Denkmal zur deutschen Einheit zum Ausdruck bringen? Skizziert einen eigenen Denkmalsentwurf.*

Zusammenfassung

Fall der Mauer 1989

Der 40. Jahrestag der DDR am 7. Oktober 1989 sollte nach dem Willen der Führung eine große Demonstration für die Stärke des SED-Regimes werden. Dagegen aber formierte sich in der Bevölkerung bisher ungeahnter Widerstand. Nach den kurz zuvor abgehaltenen Wahlen kam es zu großen Demonstrationen gegen die dortigen Wahlfälschungen. Daraus wurden schnell allgemeine Volksbekundungen gegen das SED-Regime. Die Montagsdemonstrationen in Leipzig wurden zum deutlichsten Ausdruck dieser friedlichen Revolution. In der Nacht vom 9. zum 10. November 1989 fiel die Mauer.

Der Weg zur Wiedervereinigung 1990

In der Folgezeit wurde der Ruf nach einer Vereinigung der beiden deutschen Staaten immer lauter.

Ein „Runder Tisch" unter Beteiligung aller Gruppen und Parteien der DDR beschloss die Abhaltung von freien Wahlen im März 1990. Der neue Ministerpräsident Lothar de Maizière und seine Regierung einer großen Koalition verhandelte mit der Bundesregierung von Bundeskanzler Kohl über den Weg zur deutschen Einheit.

Ein wichtiger Schritt auf diesem Weg war am 1. Juli 1990 die Wirtschafts-, Währungs- und Sozialunion. Nach zusätzlichen Verhandlungen mit den ehemaligen Kriegsalliierten und den europäischen Nachbarn im Rahmen der „Zwei-plus-Vier"-Gespräche konnte am 3. Oktober 1990 die deutsche Vereinigung vollzogen werden. Am selben Tag wurde auch das Land Sachsen-Anhalt gegründet.

Zeitzeugenberichte rufen die damaligen Ereignisse jüngeren Menschen in Erinnerung und machen den schwierigen Weg des Zusammenwachsens deutlich.

9./10. 11 1989

Der Fall der Mauer an einem Berliner Grenzübergang.

8. 12. 1989 – 29. 3. 1990

„Runder Tisch"

12. 9. 1990

„Zwei-plus-Vier"-Vertrag

3. 10. 1990

Wiedervereinigung der beiden deutschen Staaten.

Check: Das solltet ihr wissen

Arbeitsbegriffe

✓ Reformen in Osteuropa
✓ Montagsdemonstrationen
✓ Stasi
✓ Massenflucht
✓ Fall der Mauer
✓ „Zwei-plus-Vier"-Vertrag
✓ Wirtschafts- und Währungsunion
✓ Einigungsvertrag
✓ 3. Oktober 1990

Was wisst ihr noch?

1 Was bewirkten die Veränderungen in der Sowjetunion seit 1985?

2 Wie kam es zur friedlichen Revolution in der DDR?

3 Nennt wichtige Forderungen der DDR-Bürger während der Revolution.

4 An welchem Tag wurde die Einheit vollzogen?

5 Welche neuen Bundesländer entstanden 1990?

6 Erklärt die Elemente des Landeswappens von Sachsen-Anhalt.

Tipps zum Weiterlesen

Peter Abraham/Margareta Gorschenek: Wahnsinn. Geschichten vom Umbruch in der DDR. Ravensburger, Ravensburg 2003.

Karin König: Ich fühl mich so fifty-fifty. dtv, München 1992

Klaus Kordon: Hundert Jahre und ein Sommer. Beltz & Gelberg, Weinheim 2011.

Waltraud Lewin: Mauersegler. Ein Haus in Berlin – 1989. Ravensburger, Ravensburg 2010.

Eckhard Mieder: Die Geschichte Deutschlands nach 1945. Campus, Frankfurt a. M. 2002.

Susanne Fritsche: Die Mauer ist gefallen. Eine kleine Geschichte der DDR. dtv, München 2009.

1 Ihr seht auf den Fotos wesentliche Ereignisse aus dem Jahr 1989/90. Bringt die Ereignisse auf diesen Bildern in die richtige zeitliche Reihenfolge, indem ihr den Bildern Zahlen zuordnet (z. B. Bild 1 bezeichnet das zeitlich früheste Ereignis, Bild 2 das folgende usw.). Nehmt dafür die S. 64–90 dieses Kapitels zu Hilfe.

2 Schreibt nun mithilfe der Bilder und der Stichworte eine Reportage zu den Geschehnissen vom Mauerfall bis zur Wiedervereinigung.

Stichwort „Fall der Mauer"

Stichwort „Ein Denkmal für die Einheit?"

Stichwort „Die Gründung des Bundeslandes Sachsen-Anhalt"

Stichwort „Zwei-plus-Vier"-Verhandlungen

Stichwort „Umbruch in Osteuropa"

Stichwort „Massenflucht"

Stichwort „Deutsche Einheit"

Stichwort „Runder Tisch"

Stichwort „Wirtschafts-, Währungs- und Sozialunion"

4. Methodenpraktikum:
Zeitgeschichte in einer Ausstellung

Volksentscheid sofort!

NIE WIEDER BEVORMUND- UND DURC EINE P...

NEUEN VOLKSVER-TRETERN NEUES ...RAUEN

nur so!

Meinungs-freiheit

Presse-Freiheit

„Dokumente der Wende", eine Ausstellung im Johann-Friedrich-Danneil-Museum in Salzwedel (Altmarkkreis Salzwedel), zeigt historische Dokumente, Materialien und Objekte der friedlichen Revolution von 1989/1990. Schülerinnen und Schüler haben diese Ausstellung für sich entdeckt und untersucht.
Das folgende Methodenpraktikum kann auch für euch eine Anleitung sein, Ausstellungen zu besuchen und zu analysieren.

1 Blicke in die Ausstellung „Dokumente der Wende".

Die Ausstellung

Die Ausstellung „Dokumente der Wende" ist eine thematisch orientierte Ausstellung im Johann-Friedrich-Danneil Museum, Salzwedel. Der Untertitel lautet: „Die friedliche Revolution von 1989/1990 im Spiegel historischer Dokumente, Materialien und Objekte". Die Ausstellung läuft vom 9. 10. 2009 – 3. 10. 2010. Auf den nächsten Seiten dokumentieren Schülerinnen und Schüler aus Salzwedel, wie sie die Ausstellung ausgewertet haben. Ihr Vorgehen könnt ihr auf andere Ausstellungen in eurer Nähe übertragen.

Doch zunächst haben die Schülerinnen und Schüler überlegt, was für sie eine gute Ausstellung ausmacht. Sie haben ihre Ergebnisse in einer Mindmap festgehalten.

1 Übertragt die Mindmap (Abbildung 2) in euer Geschichtsheft und ergänzt sie mit weiteren Kriterien, die aus eurer Sicht für eine gute Ausstellung wichtig sind.

2 Lest noch mal den Titel der Ausstellung und benennt, was darin wohl zu sehen sein wird.

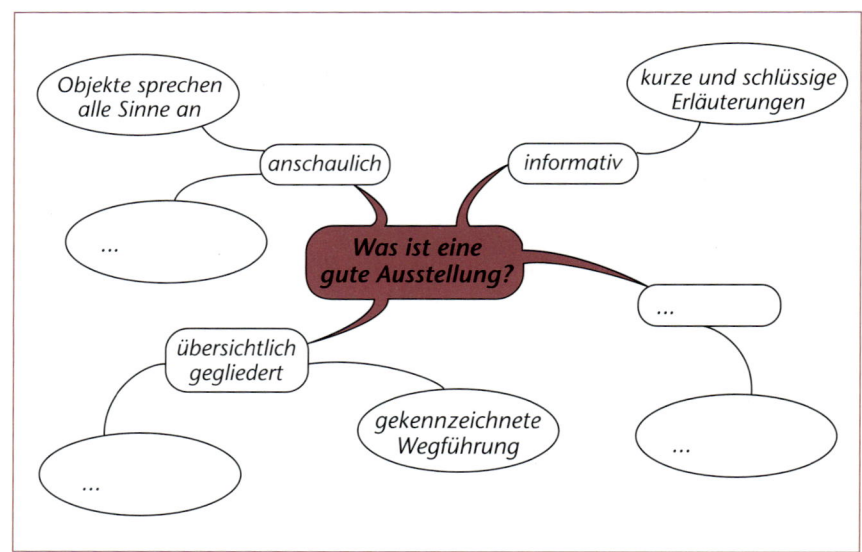

2 Mindmap: Was sollte eine gute Ausstellung leisten?

3 Untersucht die Bilder auf den S. 94–96 und beschreibt die unterschiedlichen Gestaltungsmittel dieser Ausstellung. Notiert die Gestaltungsmittel und vermerkt, welche Sinne jeweils angesprochen werden.

4 Lest in M1, was die Schülerinnen und Schüler über ihren Museumsbesuch berichten.

5 Der wissenschaftliche Mitarbeiter des Danneil-Museums, Herr Kalmbach, gibt in M2 den Schülerinnen und Schülern in einem Interview Auskunft über die Ausstellung „Dokumente der Wende". Notiert euch Stichworte.

Der Gesamteindruck

Geht man in die Ausstellung, trifft man zuerst auf ein überdimensionales Foto (siehe S. 103). Auf den ersten Blick scheint die Ausstellung textlastig zu sein. Doch das wird in der Überschrift ja auch angedeutet. Bei unserer Untersuchung sind wir dann auf die unterschiedlichen Gestaltungsmittel und Präsentationsformen gestoßen: Fotos, Karten, Dekorationselemente auf Augenhöhe machten uns auf Wesentliches aufmerksam. Die Schubladen mit Originaldokumenten, die Tonbandaufnahmen mit den Zeitzeugeninterviews sowie die Bildserien auf den Monitoren ermöglichen eine individuelle Auseinandersetzung mit dem Thema.

Die Wände wirken nicht überladen, sodass man sich auf das Wesentliche konzentrieren kann. Die Inszenierungen und die Installation haben uns besonders neugierig gemacht, mehr über die Zeit der Wende 1989/1990 in Salzwedel zu erfahren.

M1 Aus dem Bericht der Schülerinnen und Schüler.

3 Der wissenschaftliche Mitarbeiter Ulrich Kalmbach im Interview mit Schülerinnen und Schülern. Foto, 2010.

Interview mit dem wissenschaftlichen Mitarbeiter des Museums, Ulrich Kalmbach

M2 … Schülerinnen und Schüler **(SuS):** Was hat Sie bewegt, diese Ausstellung zu machen?

Kalmbach: Zum 20-jährigen Jubiläum im Jahre 2009 wurden viele Veranstaltungen durchgeführt, die diesem historischen Ereignis gewidmet wurden. Da wir bereits Material gesammelt hatten und ständig sammeln, wollten wir uns als kleineres Museum beteiligen.

SuS: Wann hatten Sie die Idee?

Kalmbach: 2008, ein Jahr vor Ausstellungsbeginn.

Schüler: Wer hat Ihnen bei der Umsetzung geholfen?

Kalmbach: Mitarbeiter des Museums, der Hausmeister, die Bibliothekarin, ehemalige Vertreter des Neuen Forums, der Offene Kanal, Techniker, Werbefirmen, die Zeitungen und freiwillige Einwohner Salzwedels.

SuS: Welche Mittel und Gelder wurden verwendet?

Kalmbach: Ungefähr 1000 Euro, da wir viel selbst gemacht haben.

SuS: Woher hatten Sie das Material für die Ausstellung?

Kalmbach: Grenzreste; 1990 aus der Grenzkaserne geholt, Bilder aus dem Grenzlandmuseum; zielgerichtet Leute für die Leihgaben angesprochen.

SuS: Wie sind Sie bei der Gestaltung der Ausstellung vorgegangen?

Kalmbach: Die Ausstellung ist in zwei Bereiche gegliedert. Das entspricht auch den inhaltlichen Schwerpunkten der Präsentation: demokratische Veränderungen und Grenzöffnung.

4 Das Faltblatt zur Ausstellung.

1 Transparente aus der Ausstellung.

Transparente als Quellen untersuchen:

Neben den üblichen Archivmaterialien aus Papier und einer Reihe von Fotografien finden sich im ersten Bereich der Ausstellung auch Originaltransparente aus der Wendezeit 1989/1990. Mithilfe der Antworten folgender Fragen und den Texten der Informationstafeln können die Transparente Aufschluss über die Forderungen der Menschen in dieser Zeit geben.

Aus den Untersuchungen der Schülerinnen und Schüler:

1. Schritt:
Was kann man auf den Transparenten erkennen?
Material:
Die Transparente sind teilweise aus sehr behelfsmäßigen Materialien hergestellt worden.
So wurden Bettbezüge und -laken, die Rückseiten von Tapetenrollen, Zeichenblöcke, Wellpappekartons und andere Pappen verwendet.
Farbe und Muster: In der Regel mit Tempera- und Plakatfarbe beschriftet.

Qualität:
Als Tragestangen dienten neben einfachen Leisten gelegentlich auch Besenstiele, zu Leisten gesägte Dielenbretter oder Bambusstangen, an denen die Schilder – teilweise nur provisorisch – mit Nägeln befestigt worden waren. Mehrere Transparente bestehen aus soliden Hartfaserplatten und wurden wahrscheinlich in der Tischlerei Schnöckel gefertigt.

2. Schritt:
Die Eigenschaften der Transparente erschließen.
Alter, Herkunft, Fundort:
Im Danneil-Museum befinden sich 15 Transparente, die bei Demonstrationen für demokratische Veränderungen im Herbst/Winter 1989/1990 in Salzwedel von Demonstranten getragen worden waren.
Die Transparente wurden Anfang 1990 vom Pfarrer Joachim Hoffmann aus dem Pfarrhaus übernommen und in das Museum gebracht. Weitere Stücke stammen aus der Sammelaktion der historisch-kulturellen Lernwerkstatt aus dem Jahre 1999 für die Ausstellung „Wendegeschichten".

3. Schritt:
Erkenntnisse gewinnen.
Welche Rückschlüsse geben die Transparente zur Wendezeit?
Die Forderungen auf den Transparenten zeigen die Unzufriedenheit der Menschen mit dem politischen System. In dem Transparent „Nie wieder Bevormundung durch eine Partei" kommt zum Ausdruck, dass sich die Menschen von der führenden Partei – der SED – gegängelt fühlen und sich in Zukunft ein System wünschen, in dem es mehrere Parteien gibt. Die Forderung „Neue Leute" zeigt, dass man sich nun andere Menschen wünscht, die den Staat führen – nicht mehr SED-Funktionäre. Das Transparent „Reisen – Ist das schon alles?" verweist auf weitergehende Forderungen der Demonstranten zu diesem Zeitpunkt – vermutlich den demokratischen Umbau des Staates.

2 Transparent aus offiziellen Bildern der Staatsmacht.

3 Symbole der Staatsmacht der DDR.

„Honecker hinter Gittern"

Ein Transparent zeigt das Porträt des mächtigsten Mannes der DDR, des Staatsratsvorsitzenden und Generalsekretärs des Zentralkomitees der SED, Erich Honecker, mit einer Übermalung, die ein Gitter darstellt und den Schriftzug „nur so!" trägt (siehe Abbildung 2). Auf der Rückseite ist das Emblem der SED ebenfalls mit Gitterübermalung und dem Schriftzug „nie wieder" zu sehen. Ein Symbol der bisherigen Macht war das Emblem der Sozialistischen Einheitspartei Deutschlands, das sich auf jedem Parteiabzeichen befand (siehe Abbildung 3). Ein weiteres Herrschaftssymbol ist das Porträt von Erich Honecker, das während der Zeit der DDR als Kunstdruck und auch in gerahmter Form viele öffentliche Räume „dekorierte". Wenn die bisherigen Zeichen der Machthaber nun in Transparente mit Gittern umgewandelt werden, zeigt das den Zorn der Menschen auf die bis dahin herrschende Partei und ihren Generalsekretär Honecker. Sie wünschen sich die Bestrafung Honeckers und weiterer Funktionäre.

4 Fotos aus der Ausstellung: Demonstrationen in Salzwedel 1989.

1 Die Transparente und Bilder der Ausstellung zeigen etwas vom Denken und Fühlen der Menschen damals. Schreibt darüber einen kurzen Bericht: „Die Umbruchszeit in Salzwedel …"

2 Erkundigt euch über die Ereignisse im Oktober/November 1989 in eurem Heimatort und vergleicht.

Das zentrale Dokument der Wendezeit ist die Erklärung des Neuen Forums Salzwedel „Was wollen wir jetzt", welche die Grundforderungen des Neuen Forums Salzwedel für die Umgestaltung der bestehenden Verhältnisse enthielt. Der Entwurf für diese Erklärung war in mehreren Treffen vorbereitet worden. Bei der größten Veranstaltung der Wendezeit wurde in der Katharinenkirche über jeden Punkt durch die Anwesenden abgestimmt. Diese Erklärung forderte die „Teilnahme am umfassenden Dialog über die Probleme" und gleichzeitig ein Nachdenken über die notwendigen Veränderungen, „um den Sozialismus zu dem zu machen, was er ... sein soll". In jeweils 10 Punkten und der Formel „Wir sagen JA zu ..." und „Wir sagen NEIN zu ..." werden dabei die Eckpunkte von geforderten Reformen für die Öffnung und Veränderung der Gesellschaft benannt: ...

1 Informationstext im Museum zum Neuen Forum.

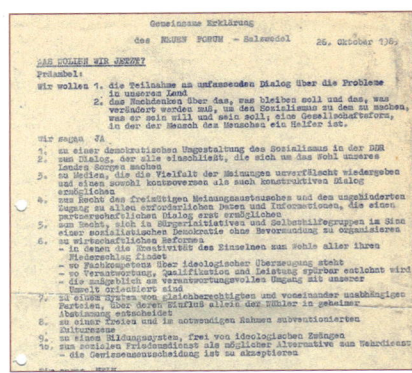

2 Umdruck des Gründungsaufrufs des Neuen Forums in Salzwedel, 26. Oktober 1989.

Gemeinsame Erklärung des Neuen Forum Salzwedel vom 26. 10. 1989 „WAS WOLLEN WIR JETZT?"

Q1 ... 26. Oktober 1989 Präambel.
Wir wollen:
1. die Teilnahme am umfassenden Dialog über die Probleme in unserem Land.
2. das Nachdenken über das, was bleiben soll und das, was verändert werden muss, um den Sozialismus zu dem zu machen, was er sein will und sein soll: eine Gesellschaftsform, in der der Mensch dem Menschen ein Helfer ist.

Wir sagen JA
1. zu einer demokratischen Umgestaltung des Sozialismus in der DDR
2. zum Dialog, der alle einschließt, die sich um das Wohl unseres Landes Sorgen machen
3. zu Medien, die die Vielfalt der Meinungen unverfälscht wiedergeben und einen sowohl kontroversen als auch konstruktiven Dialog ermöglichen
4. zum Recht des freimütigem Meinungsaustausches und dem ungehinderten Zugang zu allen erforderlichen Daten und Informationen, die einen partnerschaftlichen Dialog erst ermöglichen
5. zum Recht, sich in Bürgerinitiativen und Selbsthilfegruppen im Sinn einer sozialistischen Demokratie ohne Bevormundung zu organisieren.
6. zu wirtschaftlichen Reformen
– in denen die Kreativität des Einzelnen zum Wohle aller ihren Niederschlag findet
– wo Fachkompetenz über ideologischer Überzeugung steht
– wo Verantwortung, Qualifikation und Leistung spürbar entlohnt wird
– die maßgeblich am verantwortungsvollen Umgang mit unserer Umwelt orientiert sind
7. zu einem System von gleichberechtigten und von einander unabhängigen Parteien, über deren Einfluß allein der Wähler, in geheimer Abstimmung entscheidet
8. zu einer freien und im notwendigen Rahmen subventionierten Kulturszene
9. zu einem Bildungssystem, frei von ideologischen Zwängen
10. zum sozialen Friedensdienst, als möglicher Alternative zum Wehrdienst

Wir sagen NEIN
1. zu persönlicher Diffamierung, Verdächtigung, Kriminalisierung und Ausgrenzung von Andersdenkenden, aber auch
2. zu faschistoidem Gedankengut
3. zur Bevormundung durch die SED in allen gesellschaftlichen und wirtschaftlichen Bereichen
4. zu Privilegien, die sich nicht auf persönliche Leistungen gründen, die aus der Stellung innerhalb einer Partei oder dem Besitz von frei konvertierbaren Währungen resultieren
5. zu Gleichmacherei in der Wirtschaft, aber auch einem kapitalistischen Wirtschaftssystem
6. zum Wehrkundeunterricht und zur vormilitärischen Ausbildung
7. zum Versuch, alle Schuld an unserer gesellschaftlichen Krise hauptsächlich beim sogenannten „Klassengegner" zu suchen
8. zu einem Wohlstandsdenken, das auf Kosten unserer Umwelt geht
9. zu einer Wiedervereinigungsdiskussion und
10. zu jeglicher Form von Gewalt, sei es nach innen oder außen.

1 Lest Q1 genau und schreibt die Forderungen aus dem Dokument heraus. Unterscheidet die Forderungen zwischen solchen, die die damalige DDR-Gesellschaft tiefgreifend verändert hätten, und solchen, die auf den Erhalt dieser Gesellschaft abzielten.

2 Stellt Argumente zusammen, warum es sinnvoll ist, eine zeitgeschichtliche Ausstellung als Ergänzung zum Unterricht zu besuchen.

3 Erkundigt euch bei Museen in eurer Umgebung, ob es zurzeit solche Ausstellungen gibt.

3 Diskussionsforum „Jetzt, aber wie?" am 1. November 1989 im Kulturhaus Salzwedel.

Das war ganz schön anstrengend, die vielen Erläuterungen und Texte zu lesen. Das zentrale Dokument der Veränderungen in Salzwedel, die Gründungserklärung des Neuen Forums hat uns sehr beschäftigt. Es ist doch beeindruckend, wenn man ein noch kaum lesbares Originaldokument sieht, einen Blaumatrizenumdruck – im Schulbuch sehen die Quellen alle gleich aus und sind gekürzt, hier konnten wir einmal das ganze Dokument lesen. Das war mühsam, aber es hat sich gelohnt. Erstaunlich, dass die Leute damals den Sozialismus nur reformieren, aber nicht abschaffen wollten. Auch ein kapitalistisches Wirtschaftssystem lehnten sie ab. Na ja, das ist ja dann ganz anders gekommen, wie die damals gedacht haben. Aber mutig waren die schon, die haben das ja noch vor dem Fall der Mauer beschlossen. ...

M1 Aus dem Bericht der Schülerinnen und Schüler.

info-Blatt Nr. 1
NEUES FORUM SALZWEDEL

Die KREISSYNODE vom 18. 11. 1989/Salzwedel

Bezugnehmend auf die Erklärung des Vorsitzenden des Ministerrates vor der Volkskammer am 17. 11. 1989 fordert die Synode des Kirchenkreises Salzwedel:

- Der Kreistag Salzwedel soll umgehend einen unabhängigen Ausschuß bilden, der den Mißbrauch von Macht und persönliche Bereicherung sowie wirtschaftsschädigendes Verhalten aufdeckt und zur Anzeige bringt mit dem Ziel, daß belastete Personen nicht in ihren Ämtern verbleiben oder mit neuen Leitungsfunktionen beauftragt werden.

Der Ausschuß soll mindestens zwei Personen vom Neuen Forum und mindestens zwei Personen von der Synode des Kirchenkreises Salzwedel einbeziehen.

"Altmarkzeitung"

Am 16. 11. 1989 konstituierte sich eine Bürgerinitiative zur Gründung einer unabhängigen altmärkischen Regionalzeitung. In ihr vereinen sich ein Großteil der politischen Parteien und Massenorganisationen sowie das Neue Forum. Mit dieser Zeitung wird eine umfassende, detaillierte, von der SED ohne Zensur versehene Information und Berichterstattung angestrebt. In Vorbereitung der freien Wahlen sollen die Bürger über die Arbeit und Konzepte der Parteien informiert werden. Weiterhin sollen in dieser Zeitung lokale Probleme, real und unverschönt, aufgegriffen werden. Diese Zeitung soll für jeden Bürger und jede Organisation offen sein. Wir rufen alle Bürger auf, die Gründung ihrer eigenen Zeitung mit Spenden zu ermöglichen. Wir sehen keine andere Möglichkeit, schnellstmöglich die Gründung einer solchen Zeitung zu finanzieren. Die Spenden ab 1,00 Mark richten Sie bitte an das

Kulturbundhaus Salzwedel
Reichestraße 12
Kennwort "Altmarkzeitung"
S a l z w e d e l
3560.

4 Infoblatt Nr. 1 des Neuen Forums Salzwedel.

In jeder Ausstellung findet ihr die Objekte in einem erläuternden Text beschrieben. Es ist dies der Ausstellungstext oder die Ausstellungstafel. Ihr seht hier zwei Beispiele aus der Ausstellung „Die friedliche Revolution 1989/90 im Spiegel historischer Dokumente, Materialien und Objekte".

1 Dichtes Gedränge am Eingang der Katharinenkirche bei der Veranstaltung am 26. Oktober 1989.

Am 26. Oktober 1989 trafen sich über 2000 Menschen in der Salzwedeler Katharinenkirche, um ihre Kritik am bestehenden System zu äußern und ihrer Bereitschaft zu Veränderungen Ausdruck zu verleihen. An diesem Tag wurde das Grundsatzdokument des Neuen Forums Salzwedel, die „Gemeinsame Erklärung des Neuen Forums Salzwedel", „Was wollen wir jetzt", diskutiert und darüber abgestimmt. Die Kirche war aufgrund des großen Andrangs überfüllt.

2 Grenzpfahl.

Nachbildung einer DDR-Grenzsäule
Die originalen Grenzpfähle bestanden aus Beton. Sie dienten zur Markierung des Grenzverlaufs, waren jedoch mehrere Meter von der eigentlichen Grenzlinie entfernt aufgestellt worden. Nach Wegfall des Grenzregimes wurden derartige Grenzsäulen denkmalartig in mehreren Dörfern des ehemaligen Grenzbereiches aufgestellt.

Methodenpraktikum: Einen Informationstext schreiben

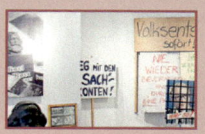

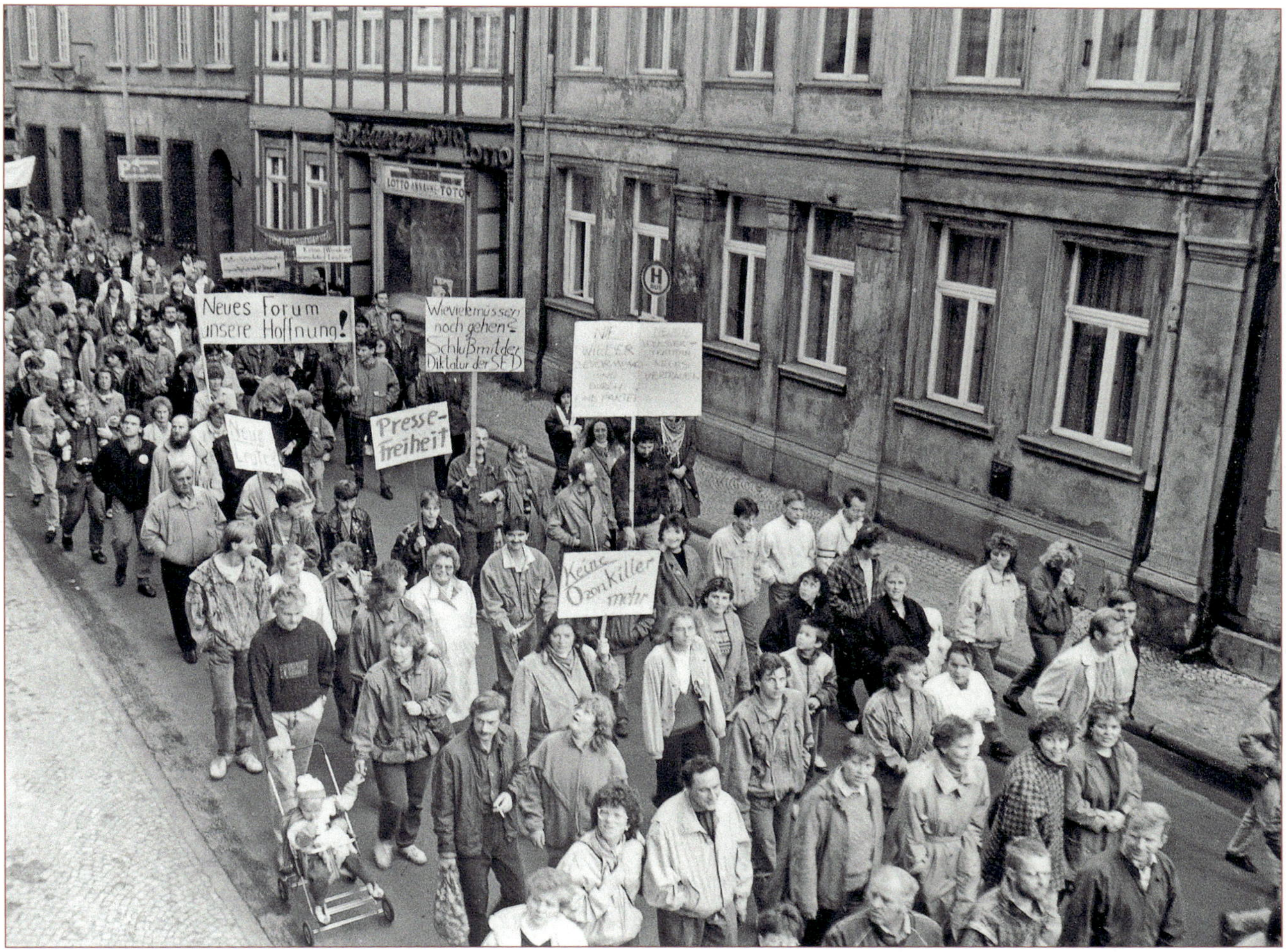

3 **Demonstration in Salzwedel, 4. November 1989.**

1 *Lest die Informationstafeln auf S. 102 und ermittelt, welche Informationen sie enthalten.*

2 *Schließt von euren Ergebnissen aus Aufgabe 1 auf die Funktion der Ausstellungstafeln.*

3 *Stellt Kriterien für einen guten Informationstext zusammen. Berücksichtigt dabei, dass die Ausstellungsbesucher zumeist keine Spezialisten sind.*

4 *Formuliert zu Abbildung 3 (Foto) mithilfe der Hintergrundinformationen auf dieser Seite eine Informationstafel.*

Hintergrundinformationen

- 4. November 1989: erste öffentliche Demonstration für eine gesellschaftliche Erneuerung in Salzwedel
- als Schweigemarsch angemeldet, Beginn 14 Uhr an der Katharinenkirche
- Route: Katharinenkirche, Straße der Freundschaft, Straße der Jugend, Vor dem Neuperver Tor, Altperver Straße, Westermarktstraße, Jenny-Marx-Straße, Marienkirche
- Marsch friedlich und ohne Zwischenfälle
- Polizisten, die am Rande den Verkehr regulierten, wurden mit Blumen beschenkt
- Transparente der Demonstration heute im Museum

Rom

Bronzezeit

um 2200 v. Chr.	Ausdehnung der Bronze-technik bis Mitteleuropa
um 1600 v. Chr.	Himmelsscheibe von Nebra

753 v. Chr.	Gründung Roms (Sage)
510 v. Chr.	Beginn der Römischen Republik
um 250 v. Chr.	Rom ist stärkste Landmacht im Mittelmeerraum
44 v. Chr.	Ermordung Caesars
31 v.–14 n. Chr.	Herrschaft des Kaisers Augustus (Prinzipat)
117 n. Chr.	Größte Ausdehnung des Römischen Reiches
1.–3. Jh. n. Chr.	Errichtung des Limes
3. Jh. n. Chr.	Germanen dringen ins Römische Reich ein

8000 v. Chr.	Erster Getreideanbau und erste Tierhaltung im Vorderen Orient

vor ca. 5 Mio. Jahren	Vormensch entwickelt sich
vor ca. 2,5 Mio. Jahren	Auftreten des Frühmenschen
vor ca. 130 000 Jahren	Neandertaler in Europa

Ägypten

In der gesamten Altsteinzeit lebten die Menschen als Jäger und Sammler.

3000 v. Chr.	Das Ägyptische Reich entsteht
2500 v. Chr.	Bau der großen Pyramiden
um 1340 v. Chr.	Pharao Tutanchamun

Vom Frankenreich zum Reich der Deutschen

722–804	Sachsenkriege
800	Kaiserkrönung Karls des Großen in Rom
814	Tod Karls des Großen

Leben im Mittelalter

 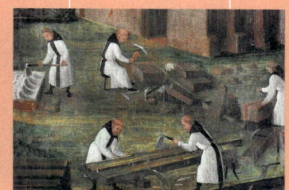

seit dem 8. Jh.	Ausbreitung des Mönchstums; viele Orden, zahllose Klöster
800–1000	Aus der Mehrzahl der freien Bauern werden Unfreie
seit 1096	Ausgrenzung und Verfolgung der Juden
10.–12. Jh.	Entstehung des Ritterstandes
12. Jh.	Im Reich der Deutschen gibt es 19 000 Burgen
12. und 13. Jh.	Aufstieg der Fürsten zu Landesherren/ Besiedlung der Gebiete östlich der Elbe (Deutsche Ostsiedlung)

Reich der Deutschen

919	Wahl Heinrichs I. zum ersten deutschen König
936–973	Otto I.
950–1250	Romanische Kirchen und Klöster werden errichtet
955	Sieg über die Ungarn auf dem Lechfeld
962	Otto I. wird in Rom zum Kaiser gekrönt
1095	Papst Urban II. ruft zum Kreuzzug auf
1099	Eroberung Jerusalems

Linea iperator
Otto primus

Städte in Europa

12.–15. Jh.	In Europa entstehen zahlreiche Städte
seit 1300	Gotische Kirchen werden in ganz Europa errichtet
1300–1400	Zünfte erkämpfen sich in zahlreichen Städten ein Mitspracherecht

Entdecker und Eroberer

14./15. Jh.	Ein neues Bild von der Erde entsteht
1492	Kolumbus sucht den Westweg nach Indien und entdeckt Amerika
1498	Vasco da Gama entdeckt den Seeweg nach Indien
ab 1500	Europäische Herrschaft in den Kolonien
1519	Spanier erobern Reiche der Azteken und Inkas

Reformation und Glaubenskriege

1483–1546	Martin Luther
1517	Veröffentlichung der Wittenberger Thesen gegen den Ablass; Beginn der Reformation
1521	Reichstag zu Worms; der Kaiser verhängt die Reichsacht über Luther (Wormser Edikt)
1525	Bauernkrieg

1555	Augsburger Religionsfriede
1545–1563	Konzil von Trient
1618–1648	Dreißigjähriger Krieg

Der Absolutismus Ludwigs XIV.

1643–1715   Ludwig XIV.,
                     König von Frankreich
seit dem 17. Jh. Merkantilismus wird
                     vorherrschende Wirt-
                     schaftsform

Französische Revolution

1789   Versammlung der
               Generalstände
1789   Sturm auf die Bastille
1789   Erklärung der
               Menschenrechte
1791   1. Verfassung
1793/94   Schreckensherrschaft

Aufgeklärter Absolutismus in Anhalt-Dessau

1700   Zeitalter der Aufklärung
                  beginnt
1758–1817   Leopold III. Friedrich
                  Franz, Fürst und Herzog
                  von Anhalt-Dessau
1764–1813   Entstehung des Dessau-
                  Wörlitzer Gartenreichs
1774   Gründung des
                  Philanthropinums

Wanderungen in der Geschichte

1685–1719   Hugenotten
                    fliehen aus
                    Frankreich

1799   Napoleon übernimmt
               die Herrschaft
1804   Kaiserkrönung
               Napoleons
1807   Preußische Reformen
1812   Napoleons Feldzug
               nach Russland

Die industrielle Revolution

seit 1700	Beginn der Industrialisierung in England
1769	James Watt, Dampfmaschine
1814	George Stephenson, 1. Lokomotive
1834	Deutscher Zollverein
1861	Erste Gewerkschaften in Deutschland
1863	„Allgemeiner Deutscher Arbeiterverein" gegründet
1875	Gründung der Sozialdemokratischen Partei in Deutschland
1878	Sozialistengesetz

Kampf der Bürger um Einheit und Freiheit

Kampf der Bürger um Einheit und Freiheit

1866	Deutsch-Österreichischer Krieg
1867	Gründung des Norddeutschen Bundes unter Führung Preußens
1870/71	Deutsch-Französischer Krieg
1871	Gründung des Deutschen Reiches; Kaiserproklamation in Versailles Otto von Bismarck wird Reichskanzler

1814/15	Wiener Kongress
1815–1866	Deutscher Bund
1817	Wartburgfest
1830	Julirevolution in Frankreich, Aufstände in Leipzig und Dresden
1832	Hambacher Fest
1848	Märzaufstand in Wien, Berlin, Paris
1848	Mai: Nationalversammlung in Frankfurt am Main
1849	Friedrich Wilhelm IV. von Preußen lehnt die Kaiserkrone ab; Auflösung der Nationalversammlung; neue Aufstände werden durch das Militär niedergeschlagen

Wanderungen in der Geschichte

19. Jh.	Deutsche wandern in die USA aus
1890–1914	350 000 Polen wandern ins Ruhrgebiet ein

Der Erste Weltkrieg

28.6.1914   Attentat in Sarajewo
1.8.1914   Beginn des
Ersten Weltkriegs

6.4.1917   Kriegseintritt der USA
25./26.10.1917   Oktoberrevolution in
Russland
3.3.1918   Friede von Brest-
Litowsk
11.11.1918   Ende des
Ersten Weltkriegs
3.–9.11.1918   Novemberrevolution in
Deutschland
9.11.1918   Ausrufung der Republik

Der Nationalsozialismus

1929   Weltwirtschaftskrise
1929–1933   Aufstieg der NSDAP
30.1.1933   „Machtergreifung"
21.3.1933   „Tag von Potsdam"
23.3.1933   Ermächtigungsgesetz
Mai 1933   Gleichschaltung
1.4.1933   „Judenboykott"
ab 1934   Aufbau des KZ-Systems
15.9.1935   Nürnberger Gesetze
9./10.11.1938   Reichspogromnacht
1938/39   „Anschluss" Österreichs und des
Sudetenlands; Überfall auf die
Tschechoslowakei
23.8.1939   Hitler-Stalin-Pakt
1.9.1939   Beginn des Zweiten Weltkriegs

20.1.1942   Wannsee-Konferenz: „Endlösung"
1942/43   Schlacht um Stalingrad
Juni 1944   Alliierte Invasion
bis 1945   Ermordung von fast 6 Millionen Juden
8./9.5.1945   Ende des Zweiten Weltkriegs in Europa
6./9.8.1945   Atombombenabwurf auf Hiroshima
und Nagasaki
2.9.1945   Ende des Zweiten Weltkriegs in Asien

109

Das Jahr 1945 – ein Querschnitt

8.5.1945	Kapitulation; Ende des Zweiten Weltkriegs in Europa
26.6.1945	Gründung der Vereinten Nationen in New York
17.07.–2.8.1945	Potsdamer Konferenz
6.–9.8.1945	Atombombenabwürfe in Japan – Ende des Zweiten Weltkriegs in Asien
20.11.1945– 14.4.1946	Nürnberger Kriegsverbrecherprozesse

Geschichte im geteilten Land nach 1945

2.8.1945	Potsdamer Abkommen
1945–1949	Vier Besatzungszonen
5.6.1947	Marshallplan
21.6.1948	Währungsreform
Juni 1948 bis Mai 1949	Berlin-Blockade
23.5.1949	Gründung der Bundesrepublik
7.10.1949	Gründung der DDR

Bundesrepublik

ab 1950	Wirtschaftlicher Aufschwung
1955	Beitritt zur NATO
1968	APO-Protestbewegung
ab 1969	„Neue Ostpolitik" der SPD-Regierung

DDR

ab 1950	Sozialistische Umgestaltung; Planwirtschaft
17.6.1953	Arbeiteraufstand
13.8.1961	Mauerbau
ab 1970	Sozial- und Wirtschaftskrise
1989	Massenflucht aus der DDR

Die Konfrontation der Systeme

1945–1956	Blockbildung
1949	Gründung der NATO
1955	Gründung des Warschauer Pakts
1945–1987	Wettrüsten
1950–1953	Koreakrieg
1962	Kuba-Krise
1968	Niederschlagung des „Prager Frühlings"
1980	Solidarność in Polen
ab 1985	Reformen in der UdSSR unter Gorbatschow
ab 1987	Abrüstung
1989	Auflösung des Ostblocks
1991	Zusammenbruch der Sowjetunion

Die Zeit der Wende 1989/1990 – ein Querschnitt

7.10.1989	40. Jahrestag der DDR
Okt./Nov. 1989	Montagsdemonstrationen und „friedliche Revolution"
9./10.11.1989	Fall der Berliner Mauer
8.12.1989–29.3.1990	„Runder Tisch"
1.7.1990	Wirtschafts-, Währungs- und Sozialunion
12.9.1990	Zwei-plus-Vier Vertrag
3.10.1990	Wiedervereinigung

Gewusst wie ...

Informationen beschaffen: Recherche in der Bibliothek

... und so wird's gemacht:

1. Im Katalog suchen

Wenn ihr nach den gewünschten Büchern suchen wollt, müsst ihr in den „Katalog" schauen. Der Autorenkatalog hilft euch, wenn ihr schon wisst, welches Buch von welchem Autor ihr haben wollt. Der Schlagwortkatalog ist für den Anfang besser. Hier könnt ihr unter einem Stichwort nachsehen.

2. Bücher ausleihen

Im Katalog findet ihr zu jedem Buch eine Buchstaben- und Zahlenkombination, Signatur genannt. Notiert die Signatur, den Namen des Autors und den Buchtitel und fragt nun die Angestellten, wie es weitergeht.

3. Eine Dokumentation anlegen

Wenn ihr wichtige Informationen behalten wollt, müsst ihr diese Informationen auswählen und festhalten. In einem Hefter sammelt ihr Fotokopien von Bildern und Texten aus den ausgeliehenen Büchern. Wichtige Informationen aus langen Texten lassen sich besser kurz mit eigenen Worten zusammenfassen. Auf jedem Blatt solltet ihr als Überschrift das Thema festhalten, um das es geht. Am besten nummeriert ihr die Seiten durch, wenn eure Dokumentation abgeschlossen ist.

Internetrecherche

... und so wird's gemacht:

1. Schlagwort finden

Wenn ihr z. B. wissen wollt, welche Bedeutung Dampfmaschinen zur Zeit der Industrialisierung hatten, müsst ihr euch ein passendes Stichwort überlegen. Unter „Industrialisierung" erhaltet ihr sehr viele Hinweise, müsst aber endlos suchen, bis ihr bei eurem Thema seid. Wie könnte ein gutes Stichwort lauten?

2. Suchmaschine benutzen

Im Internet gibt es mehrere Anbieter von Suchmaschinen, bei denen ihr euer Stichwort nur eingeben müsst, dann durchforstet die Suchmaschine für euch alle Internetseiten. Ihr erhaltet dann eine Liste der passenden Internetseiten zu eurem Stichwort. Die bekanntesten Suchmaschinen sind: *www.yahoo.de, www.lycos.de, www.google.de*.

3. Stichwort eingeben

Wenn ihr zu eurem Stichwort keine Einträge bekommt, solltet ihr die Rechtschreibung prüfen. Wenn ihr euer Schlagwort falsch eingegeben habt, kann die Suchmaschine nichts finden. War dies nicht der Fall, müsst ihr euch ein anderes Stichwort überlegen. Solltet ihr aber mehrere hundert Einträge angezeigt bekommen, so ist euer Stichwort zu allgemein. Versucht ein genaueres zu finden oder gebt eine kombinierte Suche ein, indem ihr nach zwei Stichwörtern gleichzeitig suchen lasst.

4. Aus dem Angebot auswählen

Jetzt habt ihr eine Reihe von Einträgen, und normalerweise stehen noch ein paar Angaben dabei. So könnt ihr einen Teil der Adressen gleich aussortieren, weil es hier nicht genau um das geht, was ihr gesucht habt. Die übrigen Seiten könnt ihr jetzt aufrufen, indem ihr die Internetadresse anklickt.

Ein Museum erkunden

... und so wird's gemacht:

1. Inhaltliche und organisatorische Vorbereitung

– Wählt ein Museum aus, das erkundet werden soll. Vereinbart einen Termin zur Erkundung.
– Stellt fest, welche Angebote das Museum für Schülerinnen und Schüler anbietet und ob ihr diese nutzen wollt (z. B. allgemeine Führung, thematische Führung, Aktionen und Projekte).
– Bereitet Fragen vor, z. B.:
  • Welche Objekte sind für die Lebenswelt der Industrialisierung interessant?
  • Was wollt ihr darüber erfahren?
– Wie wollt ihr eure Ergebnisse während der Erkundung festhalten (Arbeitsblatt erstellen, Notizen machen)?
– Wer fotografiert die Exkursion?
– Wer begleitet die Erkundung?

2. Das Museum selbstständig entdecken und erforschen

– Teilt euch in Lerngruppen auf. Findet die Ausstellungsobjekte und dokumentiert, was ihr seht.
– Setzt euch mit den Ausstellungstafeln auseinander und löst entsprechende Arbeitsblätter.

3. Auswertung des Besuchs

– Berichtet vor der Klasse über den Museumsbesuch und stellt dabei eure Erkenntnisse vor.
– Findet Antworten auf folgende Fragen:
  • Warum ist es wichtig, Dinge aus der Vergangenheit zu sammeln?
  • Was habt ihr durch die Erkundung für euch gelernt?
– Sichert eure Erkenntnisse (z. B. Wandzeitung gestalten, Informationstext für die Internetseite der Schule schreiben).

... arbeiten mit Methode

Informationen beschaffen: Besuch einer Gedenkstätte

... und so wird's gemacht:

Gedenkstätten dienen der Erinnerung und sollen die Vergangenheit durch die Begegnung mit originalen Gegenständen für uns lebendig machen.

1. Planung
– Informationen einholen:
  - Ausstellungskatalog,
  - Internet,
  - Berichte von ehemaligen Häftlingen,
  - Zusammenarbeit mit anderen Fachlehrern, z. B. dem Religionslehrer.
– Aufbau der Gedenkstätte erläutern.
– Führung in Anspruch nehmen (rechtzeitig vorher anmelden).
– Vorbereitendes Material besorgen.
– Organisation der Fahrt mit Zug oder Bus und Klärung der Finanzierung (möglicherweise gibt es hierfür Zuschüsse).
– Erwartungen klären: Ein Gedenkstättenbesuch ist kein lustiger Wandertag!
  - Fragebogen mit offenen Fragen zur Gedenkstätte entwerfen.

2. Auswertung
– Was haben wir Neues erfahren, was wussten wir schon?
– Wie wirkte die Darstellung?
– Welche zusätzlichen Informationen fehlten? Wie können wir sie beschaffen?
– Welche Lehren kann man aus dem Besuch ziehen?
– Auswertung der Fragebögen, Vertiefung des Themas:
  - Zeitzeugen einladen,
  - Filme: „Holocaust", „Schindlers Liste".

Zeitzeugen befragen

... und so wird's gemacht:

1. Befragung vorbereiten
– Thema, Ziel der Befragung klären.
– Informationen zur Vorbereitung sammeln (z. B. über die Zuwanderergruppe, über den geschichtlichen Zusammenhang).
– Fragen vorbereiten, Fragebogen erstellen.

2. Kontakt mit Zeitzeugen aufnehmen
– Zeitzeugen suchen (z. B. in der Familie, im Freundes- oder Verwandtenkreis, durch Anfragen bei Parteien, Kirchen oder Gewerkschaften, in der Stadt- oder Gemeindeverwaltung, evtl. durch Artikel in der Tageszeitung).
– Ort, Zeit, Ablauf, Aufnahmetechnik (Schriftform, Kassettenrekorder, Videokamera), Verwertung (z. B. Artikel in der Schülerzeitung) und Auswertung (Diagramm, Wandzeitung, Ausstellung usw.) der Befragung klären.

3. Befragung durchführen
– Fragen stellen (evtl. abweichend vom Fragebogen, nachfragen); Antworten protokollieren.

4. Ergebnisse auswerten
– Befragungsergebnisse besprechen und einordnen.
– Ergebnisse dokumentieren und präsentieren.
– Befragung kritisch bewerten: Was ist gut gelaufen, was müsste man ändern?

Unterschiedliche Materialien auswerten: Sachzeugnisse untersuchen

... und so wird's gemacht:

1. Was kann man sehen?
Wie sieht das Sachzeugnis aus?
– Größe
– Form
– Farbe/Muster
– Material
– Qualität ...
Ihr könnt die Figur/das Sachzeugnis auch zeichnen.

2. Die Funktion des Sachzeugnisses erschließen
– Alter, Herkunft, Fundort und -zeit, Herstellungstechnik ermitteln.
– Wozu wurde das Sachzeugnis genutzt?
– Welche Informationen liefert die Tafel zum Ausstellungsstück?
– Nutzt weitere Informationsquellen (z. B. Befragung der Museumsmitarbeiter, Bücher, Internet).

3. Welche Erkenntnisse kann man gewinnen?
– Welche Rückschlüsse lässt das Sachzeugnis zu, z. B. auf Verbreitung und das Leben, Arbeiten, Wohnen der Menschen in der Zeit?
– Wie ist das Sachzeugnis zeitlich einzuordnen?

Gewusst wie ...

Bauwerke erkunden und erklären

... und so wird's gemacht:

1. Erste Eindrücke beschreiben
– Haltet erste Eindrücke als Bericht, Zeichnung oder Foto fest: Lage, Raumwirkung innen/außen, Fenster, Ausstattung (Altäre, Figuren, Malereien usw.).

2. Informationen sammeln
– Informiert euch über die Baugeschichte (Bibliothek, Internet).
– Wann wurde es begonnen? Nach welchen Vorbildern?

3. Den gesamten Bau und einzelne Teile erklären
– Erklärt ausgewählte Bauteile, Figuren und Symbole.
– Welche Bedeutung haben sie?
– Weshalb wurden sie hergestellt?
– Was wollten die Baumeister oder Künstler ausdrücken?

4. Eigene Meinung sagen
– Was gefällt euch ganz besonders?
– Was beeindruckt weniger?
– Was versteht ihr nicht, sodass ihr noch weitere Informationen einholen müsst?

Quellentexte untersuchen

Möchte man über ein Ereignis etwas ganz genau wissen, dann geht man zurück zu den Quellen, also zu den Anfängen. Man liest z. B. die Texte, die zu jener Zeit geschrieben wurden, als das Ereignis stattfand. Die Berichte aus jener Zeit geben uns ein Bild von der Vergangenheit. Doch ist dieses Bild richtig? Entspricht der Bericht der Wahrheit oder enthält er Übertreibungen, einseitige oder gar falsche Darstellungen?
Man muss also auch Berichte aus früheren Zeiten genau überprüfen.

... und so wird's gemacht:

1. Fragen zum Text
– Wovon handelt der Text?
– Was steht im Mittelpunkt?
– Wie kann man den Inhalt kurz zusammenfassen?
– Welche Wertungen enthält der Bericht? Gibt es Übertreibungen oder ist er einseitig?

2. Fragen zum Verfasser
– Was wissen wir vom Verfasser?
– Kennt der Verfasser die Ereignisse aus eigener Anschauung?
– Welche Absichten verfolgt der Verfasser mit seiner Darstellung?
– Wie steht der Verfasser zu den Personen oder zu der Sache, über die er berichtet? Ist er neutral oder ergreift er Partei?

Sachtexte untersuchen

... und so wird's gemacht:

1. Lesen und Markieren
– Den Text mehrmals lesen, dabei unbekannte Begriffe, Fremdwörter und Schlüsselbegriffe des Textes markieren. Schlüsselbegriffe sind wichtige Wörter oder Wortgruppen, die zum Verständnis des Gesamttextes beitragen.
– Unbekannte Begriffe und Fremdwörter klären.

2. Fragen zum Text
– Wovon handelt der Text (W-Fragen beantworten: Wer? Wo? Wann? Was? Warum?)
– Gibt es eine zentrale Fragestellung?
– Wie ist der Text gegliedert?
– Wer ist der Verfasser des Textes?
– Wo wurde der Text veröffentlicht?

3. Die Textaussage beurteilen
– Wo werden historische Ereignisse beschrieben?
– Wo nimmt der Autor Wertungen vor?
– Führt der Verfasser weitere Quellen oder Darstellungen an, um seine Ausführungen zu belegen? Wie unterstützen diese Materialien seine Aussagen?

... arbeiten mit Methode

Unterschiedliche Materialien auswerten:
Bilder untersuchen

… und so wird's gemacht:

1. Die Einzelheiten eines Bildes möglichst genau beschreiben
Beantwortet dazu folgende Fragen:
- Welche Personen sind dargestellt?
- Gibt es Personen, die deutlich größer gezeichnet werden als andere?
- Welche Tätigkeiten üben die Personen aus?
- Wie sind sie gekleidet?
- Gibt es Unterschiede in der Kleidung?
- Welche weiteren Gegenstände sind auf der Abbildung zu sehen?

2. Zusammenhänge erklären
- Beschreibt, wie das Verhältnis der dargestellten Personen zueinander ist.
- Gibt es Merkmale, die eine besondere Bedeutung haben könnten?
- Lässt die Abbildung Rückschlüsse auf bestimmte Tätigkeiten oder auch das Ansehen der dargestellten Personen zu?

3. Bilder zu demselben Thema miteinander vergleichen
- Gibt es noch andere Bilder zu diesem Thema? Welche Gemeinsamkeiten kann man auf vielen Bildern feststellen?
- Wie verändert sich die Darstellung zu diesem Thema im Laufe der Geschichte?

4. Weitere Informationen sammeln
- Wichtige Informationen finden sich häufig auch in der Bildlegende, z. B. wann das Bild gemalt wurde.
- Zusätzliche Informationen lassen sich manchmal auch mithilfe des Internets besorgen.

Propagandafotos untersuchen

… und so wird's gemacht:

1. Fragen zum Foto
- Wann ist das Foto entstanden?
- Wo wurde es aufgenommen?
- Gibt es eine Bilderklärung?
- Welche Informationen enthält sie?
- Warum wurde es aufgenommen?
- Wie ist der Zustand des Fotos?

2. Fragen zum Motiv
- Was ist dargestellt?
- Welche Einzelheiten, z. B. an den Personen, der Kleidung, am Gebäude, an der Umgebung fallen auf?
- Gibt es wichtige Dinge, die mit dem Motiv zusammenhängen, aber nicht auf dem Foto zu sehen sind?
- Welche weiteren Informationen wären zum besseren Verständnis des Motivs nötig?

Ergänzende Arbeitsschritte
- Welche Personengruppen sind zu sehen?
- In welchem Größenverhältnis zu den anderen Personen wird die Hauptperson gezeigt?
- Aus welcher Perspektive (von oben, von unten, aus gleicher Höhe) wird die Hauptperson abgebildet?
- Wie reagieren die anderen Menschen auf die Hauptperson in dem Bild?
- Woran erkennt man, dass das Bild propagandistischen Zwecken dient?

Karikaturen deuten

… und so wird's gemacht:

1. Der erste Eindruck
Notiert, was euch beim Betrachten zuerst auffällt.

2. Ideen sammeln
Sammelt alle Ideen und Gedanken, die euch beim Betrachten der Karikatur einfallen.

3. Beschreiben
Beschreibt so genau wie möglich, welche Personen und Sachverhalte abgebildet sind: Achtet auf Gesichtsausdruck, Körperhaltung, Kleidung, Gegenstände. Achtet auf Texte und die Bildunterschrift.

4. Bedeutung klären
Welche Bedeutung haben die abgebildeten Personen, Gegenstände, Tiere? Welche Bedeutung hat die Handlung? Auf welche Situation, auf welches Ereignis bezieht sich die Karikatur?

5. Werten
Welche Position bezieht der Karikaturist? Wie beurteilt ihr die Karikatur?

Gewusst wie ...

Plakate des Kalten Krieges untersuchen

... und so wird's gemacht:

1. Bild beschreiben
– Um welche Art Bild handelt es sich (Plakat, Postkarte usw.)?
– Was ist abgebildet (Bildbeschreibung)?
– Wie ist es abgebildet (Foto, Zeichnung, Schrift)?
– Was verstehe ich nicht (z. B. Symbole)?

2. Absicht klären
– Von welcher kriegführenden Seite stammt die Postkarte?
– Wer soll beeinflusst werden?
– Wozu soll der Leser oder Betrachter gebracht werden?

3. Art der Darstellung
– Mit welchen Mitteln arbeitet die Darstellung (Übertreibung, Lächerlichmachen, Angst einflößen, Gefühle wecken usw.)?
– Wie werden Personen bzw. der Kriegsgegner dargestellt?
– Welche Symbole und Farben werden verwendet und was bedeuten sei?

4. Beurteilung
– Wie ist die Darstellung zu beurteilen? Ist sie bösartig, verletzend, ehrlich, irreführend?
– Ist die gewünschte Beeinflussung vermutlich erreicht worden?

Einen Dokumentarfilm analysieren

... und so wird's gemacht:

1. Thema und Inhalt des Films erfassen
– Schaut den Film mindestens einmal aufmerksam an und macht euch anschließend Notizen.
– Schreibt auf, wann und von wem der Film produziert worden ist.

2. Schwerpunkte finden
– Stellt fest, welche inhaltlichen Schwerpunkte der Film hat und wie euch, den Zuschauern, das deutlich gemacht wird.

3. Einen Filmausschnitt analysieren
– Untersucht eine Sequenz aus dem Film genauer, indem ihr das Zusammenspiel von Bildinhalt, Kameraeinsatz und akustischen Mitteln mithilfe eines Beobachtungsbogens protokolliert.

4. Wertungen untersuchen
– Prüft, inwiefern durch den Einsatz der filmischen Gestaltungsmittel Wertungen getroffen werden. Wer profitiert davon?

Tipp: Untersucht dazu die Sequenz dreimal:
1. indem ihr nur die Bilder anschaut, den Ton abdreht,
2. indem ihr nur zuhört,
3. indem ihr Bild und Ton auf euch wirken lasst.
– Vergleicht die Aussagen und eure Eindrücke.
Achtet darauf, ob bzw. wie der Kommentar die Bildaussagen unterstützt, abschwächt oder infrage stellt.

5. Die Filmaussage kritisch bewerten
– Erörtert anhand eurer Ergebnisse abschließend, welche Rolle ihr dem Film zuweist: z. B. Zeuge, Berichterstatter, Ankläger, Aufwiegler usw.
– Überlegt bzw. informiert euch, ob dies der Absicht des Produzenten entsprach.

6. Den Film als Zeitdokument beurteilen
– Vergleicht den Film mit anderen Filmen, die das Thema behandeln und zur gleichen Zeit entstanden sind. Wo gibt es Übereinstimmungen, wo Unterschiede? Wie erklärt ihr dies im Einzelnen?

... arbeiten mit Methode

Unterschiedliche Materialien auswerten: Verfassungsschemata untersuchen

... und so wird's gemacht:

1. Worum geht es?
Ein Schema steht meist in engem Zusammenhang mit einem Text. Seht euch genau an, wovon dieser berichtet.

2. Welche Farben, Linien, Symbole werden verwendet?
Jedes Strukturschema versucht durch einfache Zeichen komplizierte Zusammenhänge zu erklären. Diese Zeichen sind zumeist in einer Legende erklärt.
Schafft euch einen Überblick über die Farben: Was bedeuten sie? Gibt es eine Farbe in verschiedenen Schattierungen? Werden Farben gemischt?
Werden verschiedene Linien eingesetzt? Sind Kästchen verschiedenartig eingerahmt?
Welche Symbole gibt es (z. B. Krone für König) und was bedeuten sie?

3. Beziehung der Elemente
Klärt nun, wie die einzelnen Elemente zusammenhängen.
Was bedeuten die Verbindungslinien, Pfeile oder andere Zeichen zwischen den Elementen.
Hat die Stellung der Elemente (oben, unten) eine Bedeutung?

4. Schlussfolgerungen
Haltet die Informationen, die ihr dem Schema entnehmt, fest: Wer hat welche Rechte, wer hat welche Pflichten? Zusätzliche Erkenntnisse: Gibt es ein Zentrum im Schema, wo besonders viele Pfeile zusammenlaufen? Was bedeutet das?
Welche Elemente wirken ausgegrenzt? Welchen Grund könnte es dafür geben?

Informationsvermittlung: Ein Referat halten

Referate sind eine der häufigsten Formen der Informationsvermittlung. Sie eignen sich vor allem dazu, Informationen eines Einzelnen an ein Publikum weiterzugeben.

... und so wird's gemacht:

1. Material sammeln und ordnen
Sucht in der Schul- und in der Stadtbibliothek unter bestimmten Stichwörtern nach Material zu eurem Thema. Notiert die Fundstellen und schreibt euch die Informationen auf oder kopiert die Seiten.

2. Materialien gliedern
Breitet euer Material auf einem großen Tisch aus; überlegt, welche Materialien zusammengehören, und ordnet sie nach Unterthemen. Erarbeitet daraus eine Gliederung für den Vortrag.

3. Eigene Texte formulieren
Verbindet nun die geordneten Materialien durch eigene Texte. Achtet darauf, dass eure Sätze klar und verständlich sind.

4. Vortrag zusammenstellen und Medien bereitstellen
Stellt dann euren Vortrag mit den Medien in der richtigen Reihenfolge zusammen. Sorgt für die technischen Medien, die ihr benötigt.

5. Vortrag üben
Übt das Referat laut und in freier Rede. Markiert im fertigen Text die wichtigen Stellen. Für den freien Vortrag schreibt euch Stichworte auf einen Merkzettel. Laut, langsam und deutlich sprechen.

6. Präsentation
Stellt Thema und Planung vor. Haltet dann euer Referat. Haltet dabei Blickkontakt zu den Zuhörerinnen und Zuhörern. Plant noch Zeit für Fragen oder eine Diskussion ein.

Eine Wandzeitung erstellen

Eine Wandzeitung schaut der Betrachter im Stehen oder im Vorbeigehen an. Also: Wenige, überschaubare Texte, dazu einige möglichst großformatige Abbildungen!

... und so wird's gemacht:

1. Informationen auswählen
Was ist wichtig, was kann weggelassen werden? Was soll als Text, was im Bild, Schaubild oder in einer Tabelle dargestellt werden?

2. Gestaltung
Wie soll die Schrift aussehen? Welche Bilder sind geeignet und wo werden sie angeordnet? Welche Zeichnungen, Tabellen oder Schaubilder sollen angefertigt werden und wohin sollen sie kommen?

3. Material
Welches Material wird benötigt (Tapete, Pappe, Stifte, Kleber, Heftzwecken, Stecknadeln, Scheren, Lineal usw.)? Wer besorgt es?

4. Arbeit verteilen und durchführen
Wer möchte Texte schreiben, Bilder ausschneiden und beschriften, Zeichnungen, Tabellen anfertigen usw.? Bilder, Texte usw. nicht sofort festkleben, sondern erst alles lose auflegen!

5. Präsentation
Wandzeitung aufhängen und den anderen Gruppen vorstellen (präsentieren).

Gewusst wie ...

Arbeitsergebnisse präsentieren

Wenn die verschiedenen Arbeitsgruppen eurer Klasse die einzelnen Themen (z. B. zum Thema „Deutsche Einheit") erarbeitet haben, steht die Präsentation der Arbeitsergebnisse auf der Tagesordnung. Nichts ist langweiliger als ein uninteressantes Referat! Also müsst ihr die Präsentation eurer Arbeitsergebnisse gut vorbereiten.
Wenn ihr dabei einige Regeln beachtet, gelingt euch sicher ein spannender Vortrag, dessen wichtigste Ergebnisse auch nicht gleich wieder vergessen werden.

... und so wird's gemacht:

1. Gliederung der Präsentation
In der Einleitung solltet ihr die Aufmerksamkeit der Zuhörerinnen und Zuhörer wecken, indem ihr das Thema benennt und beschreibt, welche Frage ihr untersucht und klären wollt. Ein Bild, eine Karikatur oder eine kleine Geschichte hilft, das Interesse zu wecken. Am Ende der Einleitung informiert ihr eure Zuhörer auch darüber, auf welche Materialien und Quellen ihr eure Präsentation stützt.
Im Hauptteil, der wiederum gut gegliedert sein muss, informiert ihr anhand von Materialien (Schaubildern, Grafiken, Tabellen und Textauszügen) schrittweise über euer Thema, indem ihr die Frage aus der Einleitung wieder aufnehmt und mit klaren Aussagen beantwortet.
Der Schlussteil (Zusammenfassung) fasst die wesentlichen Aussagen zum Thema nochmals zusammen und zeigt auf, welche Fragen offen sind.

2. Gliederung und Kernaussagen visualisieren (veranschaulichen)
Ihr alle wisst aus Erfahrung, dass die Aufmerksamkeit während eines Vortrags nach kurzer Zeit nachlässt. Dem kann man mit verschiedenen Hilfsmitteln entgegenwirken. Auf jeden Fall sollte man die Gliederung der Präsentation an die Tafel oder auf eine Overheadfolie schreiben. Wenn man die wichtigsten Aussagen des Hauptteils auf Overheadfolien oder in einer Powerpointpräsentation in den Vortrag einblendet, unterstützt man die Zuhörerinnen und Zuhörer.
Der Einsatz einer Powerpointpräsentation lohnt sich nur bei einem längeren Vortrag. Der Einsatz der Folien (Overhead/Powerpoint) muss sparsam erfolgen. Eingeblendete Materialien sind kein Selbstzweck, vielmehr sollen sie den Informationsgehalt der Präsentation verstärken und nicht von ihr ablenken. Anstelle einer Powerpointpräsentation könnt ihr euer Material auch an einer Wandzeitung (siehe Methode S. 117) oder an der Tafel darstellen.

3. Frei und zur Klasse sprechen
Abgelesene Texte schläfern ein! Also müsst ihr versuchen, möglichst frei zu sprechen und immer zur Klasse hin und nicht zur Tafel oder zur Projektionswand.
Das freie Sprechen kann man üben: Zunächst notiert ihr euch Stichworte eures Vortrages und lernt die Reihenfolge auswendig. Dann „probt" ihr den Vortrag vor Freunden oder vor einer kleinen Gruppe – das machen Politiker und bekannte Redner auch. Jetzt seid ihr fit für eine spannende und interessante Präsentation. Wenn ihr beim Vortrag hängenbleibt, sagt ihr einfach: „Jetzt muss ich mal auf meinen Zettel schauen", das nimmt euch niemand übel.

4. Handout verteilen
Am Ende eurer Präsentation verteilt ihr ein Blatt (Handout) mit den wichtigsten Ergebnissen an die Klasse und fordert zur Diskussion auf.

Jugend- und Sachbücher

Das Jahr 1945 – Ein Querschnitt

– Fährmann, Willi: *Das Jahr der Wölfe*, Arena Verlag GmbH, Würzburg 2012.

– Härtling, Peter: *Reise gegen den Wind*, Beltz & Gelberg, Weinheim 2008.
– Kordon, Klaus: *Der erste Frühling*, Beltz, Weinheim 2011.
– Lippelt, Helga: *Abschied von Popelken oder Ein Atemzug der Zeit*, Herbig, München 1994.
– Maar, Paul: *Kartoffelkäferzeiten*, Ravensburger Taschenbuch, Ravensburg 2009.
– Nöstlinger, Christine: *Zwei Wochen im Mai: Mein Vater, der Rudi, der Hansi und ich*, Beltz, Weinheim 2001.
– Pausewang, Gudrun: *Überleben!*, Ravensburger Buchverlag Otto Maier GmbH, Ravensburg 2008.

– Vinke, Hermann: *Als die Atombombe fiel. Kinder aus Hiroshima berichten*, Ravensburger Buchverlag Otto Maier GmbH, Ravensburg 2005.
– Zöller, Elisabeth: *Wir hatten trotzdem Glück. Die Geschichte einer Flucht*, Fischer Taschenbuch, Frankfurt a. M. 2008.

Konfrontation der Systeme

– Bedürftig, Friedemann: *Lexikon Deutschland nach 1945*. Carlsen, Hamburg 1999.
– Brussig, Thomas: *Am kürzeren Ende der Sonnenallee*, Fischer, Frankfurt a. M. 2011.
– Kordon, Klaus: *Hundert Jahre und ein Sommer*, Beltz & Gelberg, Weinheim 2011.
– Anne Ch. Voorhoeve: *Lilly unter den Linden*, Ravensburger, Ravensburg 2011.

– Lüddemann, Steffen: *50 Hertz gegen Stalin*, Bibliographisches Institut, Mannheim 2007.
– Kordon, Klaus: *Krokodil im Nacken*, Beltz, Weinheim 2012.
– Bender, Peter: *Zweimal Deutschland, Eine ungeteilte Nachkriegsgeschichte – 1945–1990*, Pantheon, München 2009.

Die Zeit der Wende 1989/1990 – ein Querschnitt

– Abraham, Peter/Gorschenek, Margareta: *Wahnsinn. Geschichten vom Umbruch in der DDR*. Ravensburger, Ravensburg 1992.
– König, Karin: *Ich fühl mich so fifty fifty*, dtv, München 1992.
– Lewin, Waltraud: *Mauersegler. Ein Haus in Berlin – 1989*, Ravensburger, Ravensburg 2010.
– Mieder, Eckhard: *Die Geschichte Deutschlands nach 1945*, Campus, Frankfurt a. M. 2002.
– Hildebrand, Katja: *Zwischen uns die Mauer, Eine Liebe zwischen Ost und West*, Bastei Verlag, Köln, 2007.
– Fritsche, Susanne: *Die Mauer ist gefallen. Eine kleine Geschichte der DDR*, dtv, München 2009.
– Seibert, Steffen: *Mein, dein, unser Deutschland – Die bewegendsten Momente der letzten 60 Jahre*, Bibliographisches Institut & F. A. Brockhaus, Mannheim 2009.

Lexikon

5-Prozent-Klausel Nur Parteien, die mindestens 5,0 Prozent der abgegebenen gültigen Zweitstimmen haben, können in das Parlament einziehen. Eine Partei mit weniger als 5 Prozent der Zweitstimmen erhält keine Sitze im Parlament außer den Direktmandaten. Wurden aber drei ihrer Kandidaten direkt gewählt, dann bekommt sie die entsprechenden „Zweitstimmen"-Sitze im Parlament, auch wenn sie keine 5 Prozent erreicht hat.

Alliierter Kontrollrat das von den vier Siegermächten Großbritannien, USA, Frankreich und UdSSR gebildete Organ zur Ausübung der obersten Gewalt in Deutschland mit Sitz in Berlin. Mitglied waren die Militärgouverneure der vier Besatzungszonen. Nach dem Auszug des sowjetischen Vertreters stellte der Kontrollrat seine Tätigkeit 1948 ein.
Assimilierung Anpassung an Mehrheitsverhältnisse.

Benelux Abkürzung für Belgien, Niederlande und Luxemburg.
Bodenreform Veränderung der Besitzverhältnisse an Grund und Boden durch eine Umverteilung oder durch Überführung des Bodens in Gemeineigentum wie etwa die Bodenreform in der SBZ 1945.

Containment (engl. = Eindämmung): Politik des westlichen Verteidigungsbündnisses.

Demagoge jemand, der andere politisch aufhetzt.
Demarkationslinie Grenzlinie.
Doktrin politischer Lehrsatz.

fingiert scheinbar, vorgetäuscht.

GATT (engl. General Agreement on Tariffs and Trade = Allgemeines Abkommen über Zölle und Handel): wirtschaftliche Liberalisierung durch Abbau von Importverboten, -beschränkungen und Zöllen.
Glasnost (russ.) politische Offenheit.
GÜSt Grenzübergangsstelle.

Indochina ehemalige französische Kolonialgebiete im Bereich des heutigen Laos, Kambodscha und Vietnam.
INF-Vertrag Abbau der atomaren Mittelstreckenraketen.
Institutionen öffentliche Einrichtungen mit staatlicher oder kirchlicher Trägerschaft.
Integrität Unbescholtenheit, moralische Verlässlichkeit. Hier: Unverletzlichkeit.
Investitionsgüter Güter, die der Produktion dienen.

Kollektivmaßnahmen Regelungen, die von einer Gemeinschaft von Staaten oder Menschen gemeinsam vorgenommen werden.
Kombinat Zusammenschluss produktionsmäßig eng zusammengehörender Industriezweige zu einem Großbetrieb.
Konsolidieren/Konsolidierung in seinem Bestand sichern, festigen.
Konspiration Verschwörung, Geheimhaltung.
KPdSU Kommunistische Partei der Sowjetunion.

Majorisierung eine Minderheit durch Stimmenmehrheit überstimmen oder zu etwas zwingen.

Manifest öffentliche Erklärung grundsätzlicher Natur.
Monopolkapital im Sinne der Wirtschaftstheorie von Karl Marx Bezeichnung für die Unternehmen, die aufgrund ihrer marktbeherrschenden Stellung ohne Konkurrenten hohe Gewinne erzielen können.

NS-Elite (frz. élite = Auslese) die Führungsschicht der Partei.

Oder-Neiße-Grenze die überwiegend entlang der Flüsse Oder und Lausitzer Neiße verlaufende Grenze zwischen Deutschland und Polen. Der Grenzverlauf zwischen dem besiegten Deutschland und der Volksrepublik Polen wurde durch die Oder-Neiße-Linie im Rahmen des Potsdamer Abkommens am 2.8.1945 vorbehaltlich des Abschlusses einer endgültigen Friedensregelung festgelegt. Hierdurch wurde etwa ein Viertel des deutschen Staatsgebietes in den Grenzen von 1937 abgetrennt und unter vorläufige polnische beziehungsweise sowjetische Verwaltung gestellt. 1990 wurde endgültig die Oder-Neiße-Linie als Grenze zwischen Deutschland und Polen festgelegt.

Perestroika (russ.) Umbau, Umbildung des politischen und wirtschaftlichen Systems.
provisorisch vorläufig.

radikale Islamisten Bezeichnung für Muslime verschiedener Nationen, die mit Gewalt eine politische Herrschaft errichten wollen, die sich streng an den Lehren des Korans ausrichtet. Für dieses Ziel kämpfen sie auch mit Selbstmordattentaten.

Lexikon

„Runder Tisch" Vom 8.12.1989 bis zum 29.3.1990 tagte der „Runde Tisch" als durch die Revolution legitimierte Mitentscheidungsinstanz neben Regierung und Volkskammer. Teilnehmer waren jeweils zwei bis drei Vertreter aller Blockparteien, der neuen Oppositionsparteien und -gruppen sowie der Regierung und der beiden großen Kirchen.

SDI (engl. Strategic Defense Initiative = strategische Verteidigungsinitiative) Ein lückenloses Abwehrsystem im Weltraum sollte jeden anfliegenden Flugkörper des Gegners schon in der Luft zerstören. Dieses auch „Krieg der Sterne" benannte Projekt wurde 1995 aufgegeben.

Sozialistischer Realismus Offiziell vorgegebene Kunstrichtung in den Staaten des Warschauer Paktes, die im Sinne der herrschenden Weltanschauung eine „geschönte" Wirklichkeit zum Ziel hatte.

Stagnation Stillstand einer Entwicklung.

Status quo (lat.) gegenwärtiger Zustand.

Stellvertreterkrieg kriegerischer Konflikt unterhalb der Atomschwelle während des Kalten Krieges, der, von den beiden Supermächten USA und Sowjetunion unter Kontrolle gehalten, zwischen kleinen Mächten aus den jeweiligen Lagern geführt wurde. Als Stellvertreterkrieg gilt z. B. der Koreakrieg.

synonym gleichbedeutend.

Totalitarismus Staatsform, die aufgrund einer bestimmten Ideologie für sich in Anspruch nimmt, in alle Bereiche des menschlichen Zusammenlebens hineinregieren zu dürfen.

Vetorecht (lat. veto = „ich erhebe Einspruch") das festgelegte Recht eines einzelnen Angehörigen einer Institution, einen Beschluss zu verhindern, auch wenn alle anderen Mitglieder dafür sind.

Vichy-Regime 1940 wurde ein Teil Frankreichs von den Deutschen besetzt. Das Vichy-Regime bezeichnet die Regierung im unbesetzten Frankreich unter Pierre Laval und Marschall Philippe Pétain, die mit den Nationalsozialisten kooperiert hatten. Das Regime ist nach dem damaligen Regierungsort Vichy (Auvergne) benannt.

Vietnamkrieg (1946–1975) Der in mehreren Phasen verlaufende Krieg begann zunächst als Unabhängigkeitskrieg gegen die Kolonialmacht Frankreich. 1954 erhielt das Land seine Unabhängigkeit, wurde jedoch auf der Genfer Indochina-Konferenz geteilt. In Nordvietnam entstand mit chinesischer und sowjetischer Hilfe ein kommunistisches System, in Südvietnam das autoritäre, aber westlich orientierte System Diem, das von den USA unterstützt wurde. Die USA wollten damit verhindern, dass mit Südvietnam ein weiteres Gebiet in Südostasien unter kommunistischen Einfluss geraten könnte. Nach gegenseitigen Übergriffen Nord- und Südvietnams griff die USA 1964 direkt in den Konflikt ein. In der zweiten Phase (1964–1975) griff der Krieg nach Laos und Kambodscha über und entwickelte sich zu einer der schwersten Auseinandersetzungen im Rahmen des Ost-West-Konflikts. Er gilt als Stellvertreterkrieg, da sich UdSSR und USA über die Unterstützung von Nord- und Südvietnam bekriegten. Der Einsatz des Umweltgiftes „Agent Orange" durch die USA führte zu weltweiten Protesten.

VKSE starke Reduzierung aller Streitkräfte in Europa.

Warschauer Vertrag Vertrag zwischen der Bundesrepublik Deutschland und der Volksrepublik Polen vom 7.12.1970. Beide Länder erklärten darin ihre bestehenden Grenzen als unverletzlich. Die Bundesrepublik bestätigte damit die Oder-Neiße-Linie als Westgrenze Polens – wie sie auch schon auf der Potsdamer Konferenz 1945 vorgesehen war. Beide Länder sicherten zu, keine weiteren Gebietsansprüche zu erheben. Für die Bundesrepublik war der Warschauer Vertrag Teil der so genannten Ostverträge, die der Entspannung zwischen Ost und West dienen sollten.

Register/Verzeichnis der Worterklärungen*

Register/Verzeichnis der Worterklärungen*

Register/Verzeichnis der Worterklärungen*

Register/Verzeichnis der Worterklärungen*

Textquellenverzeichnis

1. Das Jahr 1945 – ein Querschnitt

S. 14 M1: Tullner, Mathias: Halle 1806 bis 2006, Industriezentrum, Regierungssitz, Bezirksstadt. Eine Einführung in die Stadtgeschichte. Halle (Mitteldeutscher Verlag) 2007, S. 134–138 (Auszüge)

S. 17 M1: Freundeskreis KZ-Gedenkstätte Neuengamme, Hamburg; Johann-Friedrich-Danneil-Museum Salzwedel (Hrsg.), Redaktion: Behling, Heidrun und Kalmbach, Ulrich: „Und natürlich werde ich den Tag der Befreiung niemals vergessen!", 14. April 1945 – Befreiung des Frauenlagers Salzwedel, Außenlager des KZ Neuengamme, Auszüge aus Berichten ehemaliger Häftlingsfrauen. Salzwedel; Hamburg 2005, S. 3 f.

S. 17 Q1: Freundeskreis KZ-Gedenkstätte Neuengamme, Hamburg; Johann-Friedrich-Danneil-Museum Salzwedel (Hrsg.), Redaktion: Behling, Heidrun und Kalmbach, Ulrich: „Und natürlich werde ich den Tag der Befreiung niemals vergessen!", 14. April 1945 – Befreiung des Frauenlagers Salzwedel, Außenlager des KZ Neuengamme, Auszüge aus Berichten ehemaliger Häftlingsfrauen; Interview mit Eva Braun. Salzwedel; Hamburg 2005, S. 15

S. 18 Q1: Merker, Paul: Die nächsten Schritte zur Lösung des Umsiedlerproblems, Berlin 1947, S. 11, zit. nach: Kossert, Andreas: Kalte Heimat. München (Siedler) 2008, S. 198 f.

S. 19 M2: http://www.spiegel.de/spiegel/print/d-68425661.html Interview: Jan Friedmann, Hans-Ulrich Stoldt (17.05.2010)

S. 22 Q1: Mitteilung über die Dreimächtekonferenz, zit. nach: Deuerlein, Ernst (Hrsg.): Potsdam 1945, Quellen zur Konferenz der „Großen Drei". München (dtv) 1963, S. 350 ff.

S. 23 Q2: Mitteilung über die Dreimächtekonferenz, zit. nach: Deuerlein, Ernst (Hrsg.): Potsdam 1945, Quellen zur Konferenz der „Großen Drei". München (dtv) 1963, S. 350 ff.

S. 24 Q1: zit. nach: Grebing, Helga und Pozorski, Peter und Schulze, Rainer: Politik und Gesellschaft, Teil B (Direktive JCS 1067). Stuttgart (Metzler & Poeschel) 1980, S. 147 ff.

S. 26 Q1: zit. nach: Lautemann, Wolfgang (Hrsg.); Krause, Helmut und Reif, Karl-Heinz (Bearb.): Geschichte in Quellen, Bd. 7. München (BSV) 1980, S. 666 f.

S. 30: Zöllner, Elisabeth: Wir hatten trotzdem Glück, Die Geschichte einer Flucht. Frankfurt/Main (S. Fischer sowie Fischerschatzinsel) 2008, S. 152 f., 157 f., 165 sowie 221

2. Die Konfrontation der Systeme

S. 36 Q1: Djilas, Milovan; Junius, Hermann (Übers.): Gespräche mit Stalin. Frankfurt/Main (S. Fischer) 1962, S. 146.

S. 36 Q2: Kennan, George F.; von Alten, Heidi (Übers.): Memoiren eines Diplomaten, Bd. 1. Frankfurt/Main (S. Fischer) 1971, S. 264 f.

S. 36 Q3: Krautkrämer, Elmar (Übers.): Die Vereinigten Staaten von Amerika (Rede von Winston Churchill in Fulton, Missouri). Frankfurt/Main (Diesterweg) 1971, S. 254

S. 37 Q4: Rede von Harry S. Truman, zit. nach: Europa-Archiv 2/1947. Berlin (Deutsche Gesellschaft für Auswärtige Politik) 1947, S. 820

S. 38 Q1: Benz, Wolfgang: Deutschland – deine Kinder. München (dtv) 2001, S. 27

S. 40 Q1: zit. nach: Geschichte in Quellen, Bd. 7, a. a. O., S. 370 f.

S. 41 Q2: Malenkow, Georgij M.; Meisner, Boris (Übers.): Das Ostpaktsystem. Dokumente. Wolters Kluwer Deutschland, 1955, S. 215, 625

S. 41 Q3: Kennan, George F., zit. nach: Kleßmann, Christoph: Die doppelte Staatsgründung. Göttingen (Vandenhoeck & Ruprecht) 1984, S. 454

S. 43 Q1: Die deutsche Frage, Materialien zur politischen Bildung. Hannover 1982, S. 180

S. 43 Q2: Loth, Wilfried: Die Teilung der Welt. München (dtv) 1980, S. 216

S. 45 Q1: Geschichte in Quellen, Bd. 7, a. a. O., S. 742

S. 51 Q1: Smith, Robert F., What happened in Cuba (Übers. d. Verf.). New York (Twaybe) 1963, S. 340 f.

S. 52 Q2: (U. S. Department of State, FOREIGN RELATIONS OF THE UNITED STATES, 1961–1963, Volume XI, Cuban Missile Crisis and Aftermath; http://www.mtholyoke.edu/acad/intrel/nikita3.html, Loske, Boris (Übers.), zit. nach: Geschichte lernen 94, Seelze (Friedrich Verlag) 2003, S. 39

S. 52 Q3: H. S. Commager, Documents of American History, II. New York 1973, S. 675, zit. nach: Fragen an die Geschichte 4, Berlin (Cornelsen), S. 94

S. 52 Q4: Khrushchev, Nikita: Khrushchev Remembers. London 1971, S. 496, zit. nach: Loske, Boris (Übers.): Die Kuba-Krise. Erfolgreiches Krisenmanagement oder unwahrscheinliches Glück? in: Geschichte lernen 94, Seelze (Friedrich Verlag) 2003, S. 39

S. 53 Q5: Schlesinger, Arthur M.; Helbich, Wolfgang und Emons, Christa (Übers.): Die tausend Jahre Kennedys, Berlin, München, Wien (Scherz) 1966, S. 724

S. 54 Q1: Schlussakte der KSZE-Konferenz. Bonn (Bundeszentrale für politische Bildung) 1975, S. 3 ff.

S. 57 Q1: Resolution Nr. 1368 des Weltsicherheitsrates vom 12.9.2002

S. 58 Q1: http://einestages.spiegel.de/static/authoralbumbackground/1859/_und_ploetzlich_rollt_dierebellion.html Geismar, Alain (31.05.2010)

S. 59 Q1: zit. nach: Geschichte in Quellen, Bd. 7. a. a. O., S. 496

S. 59 Q2: zit. nach: Leonid Breschnew, in: „Prawda", Moskau, 13.11.1968

S. 60 M1 + M2: http://www.sachsen-anhalt.de/LPSA/index.php ?id=31581 Stiftung Gedenkstätten Sachsen-Anhalt (04.06.2010)

Textquellenverzeichnis

3. Das Jahr 1990 – Querschnitte

S. 66 Q1: Gorbatschow, Michail; Burkhardt, Gabriele (Übers.): Perestroika, Die zweite Russische Revolution. München (Droemer) 1987, S. 212 f.

S. 66 Q2: Gorbatschow, Michail, zit. nach: Bulletin Nr. 61 vom 15. 06. 1989, übers. v. Redaktion PR & Info, Amt B, Regierung. Bonn (Bundespresseamt) 1989, S. 542

S. 69 Q1: Hertle, Hans-Hermann: Chronik des Mauerfalls: Die dramatischen Ereignisse um den 9. November 1989. Berlin (Links) 1996, 3. Aufl., S. 166

S. 69 M1: Hertle, Hans-Hermann, Chronik des Mauerfalls: Die dramatischen Ereignisse um den 9. November 1989. Berlin (Links) 1996, 3. Aufl., S. 155 f.

S. 70 Q1: Interview mit Dr. A. am 05. 02. 2009, zit. nach: Gebhard, Joachim und Hammer, Wolfgang: LebensWENDEn „Es war nicht alles schlecht! – Es war nicht alles gut!", in: Praxis Geschichte 5/2009 Braunschweig (Westermann) 2009, S. 34

S. 71 Q2: Interview mit Frau J. am 06. 02. 2009, zit. nach: Gebhard, Joachim und Hammer, Wolfgang: LebensWENDEn „Es war nicht alles schlecht! – Es war nicht alles gut!", in: Praxis Geschichte 5/2009 Braunschweig (Westermann) 2009, S. 37

S. 72 Q1: *http://www.damals-im-wendland.de/grenze-1949-1969.htm* Kulow, Burghard (15. 06. 2010)

S. 73 Q2: *http://www.epochtimes.de/articles/2009/11/02/510044.html* (15. 06. 2010)

S. 74 Q1: *http://www.mdr.de/1989/5462276.html* (Text von Brigitte Schmidt, Salzwedel)

S. 76 Q1: Poppe, Ulrike, zit. nach: Jürgen Leinemann: Wieder auf den Beinen. In: Spiegel Special II/1990, S. 115

S. 78 Q1: Falin, Valentin, zit. nach: Spiegel Special II/1990, S. 21 f.

S. 79 Q2: Münch, Ingo von, Die Verträge zur Einheit Deutschlands. München (Beck) 1992, S. 29

S. 79 Q3: Genscher, Hans-Dietrich, zit. nach: Bulletin Nr. 61 vom 15. 06. 1989. Bonn (Presse- und Informationsamt der Bundesregierung) 1989

S. 82 M1: Tullner, Mathias: Geschichte Sachsen-Anhalts. München (Beck) 2008, S. 114 f.

S. 84 Q1: Gauck, Joachim: Die Stasiakten. Das unheimliche Erbe der DDR. Reinbek (Rowohlt) 1991, o. S.

S. 85 Q2: Gauck, Joachim: a. a. O.

S. 85 Q3: Beleites, Johannes: Stasi intern. Macht und Banalität. Leipzig (Bürgerkomitee Leipzig e. V.) 1990, S. 113

S. 89 Q1: zit. nach: Spiegel Online vom 01. 05. 2001. Hamburg (Spiegel-Verlag)

S. 90 M1: *http://www.zeit.de/2006/48/Wir_sind_zum_Truebsinn_nicht_verpflichtet* Schroeder, Richard (08. 09. 2008)

4. Methodenpraktikum: Zeitgeschichte in einer Ausstellung

S. 100 Q1: Neues Forum Salzwedel: Gemeinsame Erklärung des Neuen Forum Salzwedel vom 26. 10. 1989. Salzwedel (Archiv Johann-Friedrich-Danneil-Museum) 1989

S. 101: Neues Forum Salzwedel: Info-blatt Nr. 1. Salzwedel (Archiv Johann-Friedrich-Danneil-Museum) 1989

Bildquellenverzeichnis

AFP Berlin 54.1 (Wdh. 61.4, 63 o., 115 r.)
Archiv für Kunst und Geschichte 12.3; 13.5; 20–21 (Wdh. 3 u. l.); 42.2; 44 o. m + u. r.; 59.1 (Ladislav Bielik); 59 RS a + b; 76 RS a + b; 105 o. l. + u. l.; 106 o. l. + m. l. + u. r.; 107 o. l. + m. m. + m. l.; 108 l.; 109 o. l. (2x)
Archiv Johann-Friedrich-Danneil-Museum, Salzwedel 100.2, 101.4
Aufwind-Luftbilder – VISUM (Fotofinder) 46
Avenue Images GmbH Hamburg 114 r. (Foto: Craig Witkowski)
Bayrische Staatsbibliothek München, Fotoarchiv Hoffmann 109 o. r.
Benecke, Holger, Salzwedel 101.3
Berger-von der Heide, Thomas, Göttingen 94–95 (Wdh. 5, 96); 98.4; 99.2; 99.3 (Wdh. 113 r.); 99.4; 102 l.
Bildarchiv Preußischer Kulturbesitz 9.5 (Arthur Grimm); 16.1, 34–35 (Wdh. 4, 63 u., Vignetten 3, 36–63); 41 RS; 104 o. r., 106 m. r. + u. l., 109 u. r.
Bridgeman Giraudon Berlin 107 o. r. + m. r.
British Museum London 105 o. m.
Bundesarchiv Koblenz 15.2; 25.1; 83.2 (Wdh. 93 o. r.)
Bundesbildstelle Bonn 54.2
Bundesstiftung Aufarbeitung: © André Boitard, Nils Weinert. Ein Beitrag zum Wettbewerb „geschichts-codes" der Bundesstiftung Aufarbeitung 2007 90.3
CCC Pfaffenhofen-Ilm (www.c5.net) 56.2 (© Haitzinger); 80.2 (© Haitzinger)
Der Spiegel Verlag, Hamburg 53.3 (Wdh. 61.3, 62 l.)
Deutsches Historisches Museum Berlin, Bildarchiv 38.2 (Wdh. 116 r.); 39.3 (Wdh. 3 m. r.); 39.4 (Wdh. 3 m. r.); 40.2
Focus Fotoagentur Hamburg 80.1 (Wdh. 92 l., 111 u. r.)
Fotostudio Mahlke, Halberstadt 9.3; 12.1.
Langewiesche-Brandt KG Verlag, Ebenhausen, Anschläge 36.1 (Wdh. 3 u. r., 62 o., 111 o. l.); 40.1 (Wdh. 110 u. r.)
Gerken, Bernd, Borken 112
Germanisches Nationalmuseum Nürnberg 106 u. m.
Goldbach, Christa u. Paul, Bergen/Dumme 74.1; 75.2
Häußler, Elke, Neuenstein 84.1 (Wdh. 118 l.); 84.2
Imperial War Museum London 109 m.
Interfoto München 104 u. m. (Laenderpress)
Johann-Friedrich-Danneil-Museum, Salzwedel 97.4; 98.1–3; 102.2
Kandula Witten, Architektur und Bilderservice 47 (Fotofinder)
Keystone Hamburg 9.4; 52.2
Kolba, Ronald 99.4 u. l.; 102.1; 103.3
Landesbildstelle Baden, Karlsruhe 105 o. r.
Ludewigs, Günter, Salzwedel 99.4 u. r.
Mauritius Images Titelbild (Foto: Oliver Gerhard)
Mende, Bettina, Salzwedel 96.1 l.; 97.3
Münchener Stadtmuseum 38.1 (Wdh. 62 u. r., 116 l.)
Oomen, Hans-Gert, Kirchentellinsfurt 3 o.
Picture-Alliance 9.2 (landov, Wdh. 32 l.); 11.3 (dpa); 14.1 (akg-images); 16.2 (ZB © dpa-Report, Foto: Jens Wolf); 26.1 (Wdh. 31.4, 32 r.); 26 RS; 28 RS (akg-images); 57.3; 60.1 (dpa-Report, Foto: Hans Heckmann, Wdh. 3 m. l.); 60.2 (ZB/© dpa-Report, Foto: Jens Wolf, Wdh. 3 m. l., 113 l.); 64–65 (dpa, Wdh. 4, 91.4, 93 u. l., 111 u. l., Vignetten 66–93); 66.1 (Wdh. 111 o. r.); 67.2 (© dpa-Report, Foto: Lehtikuva Oy, Wdh. 93 m. m.); 67 RS (akg-images); 70.1 (ZB/dpa-Report, Foto: Georg Zimmer); 71.2 (akg-images, Foto: Gardi); 73.5 (dpa); 76.1 (© dpa-Report, Foto: Heinz Wieseler); 77.3 (Infografik); 78.1 (dpa Pool); 86 RS u. (dpa, Foto: Tim Brakemeier); 88.1, 89.2 (Infografik); 90.1 + 2 (dpa, Foto: Bundesstiftung /B. Boebel, Wdh. 93 o. l.); 104 o. m. (© dpa, Foto: Votava); 110 m. r.(© dpa-Bildarchiv)
Rheinisches Bildarchiv Köln 44 o. l.
Römisch-Germanisches Museum Köln 104 u. m.
Sächsische Landesbibliothek, Deutsche Fotothek (Dresden) 13.4 + 6
Stadtarchiv Geesthacht 79 RS
Stadtarchiv Magdeburg 6–7 (Wdh. 4, 110 o. l., Vignetten 3, 8–33)
Stehle, Karl, München 108 r.
Studio X, Paris 26.2 (© Novovitch)
Süddeutsche Zeitung Photo/DIZ München 12.2; 13 RS; 24.1 (Wdh. 33 r.); 49.2; 56.1; 58.1 (Rue des Archives); 85.4 (AP); 109 u. l., 110 u. l.
Ullsteinbild Berlin 10.1 (dpa, Wdh. 31.1); 11.5 (Roger Viollet); 22.1 (Wdh. 31.3, 33 l., 115 l.); 44 (o. r. + u. l.); 45.1–4 (Nasa Public Affairs' Office); 57 RS (AP); 68 RS (ADN-Bildarchiv, Wdh. 91.2, 93 u. m.); 69.2 (Wdh. 91.1, 93 o. m.); 72.2 (Sven Simon); 73.3 (Lehnartz); 73.4 (Schulze); 78 RS; 79.2 (Wdh. 91.3, 93 m. l.); 92 o. r. (dpa); 106 o. r., 110 u. m.; 114 l.
Vatikanische Museen Rom 104 u. r.
VG BILD-KUNST, Bonn 2020 (27 RS Reuterswärd, Carl-Frederik Non-Violence, Estate of Roy Lichtenstein /VG Bild-Kunst 2020 44 o. l. Lichtenstein, Roy M–MayBE)
Völker, Johannes, Geesthacht 77 RS

Übernahmen
Freundeskreis KZ-Gedenkstätte Neuengamme, Hamburg, Johann-Friedrich-Danneil-Museum, Salzwedel (Hrsg.), „Und natürlich werde ich den Tag der Befreiung niemals vergessen", 14. April 1945 – Befreiung des Frauenlagers Salzwedel Außenlager des KZ Neuengamme, Auszüge aus den Berichten ehemaliger Häftlingsfrauen, Salzwedel/Hamburg 2005 17.1
Zöller, Elisabeth, Wir hatten trotzdem Glück, Die Geschichte einer Flucht. Frankfurt/Main (S. Fischer Verlag/Schatzinsel) 2008 30 (Wdh. 119)
Fährmann, Willi, Das Jahr der Wölfe. Würzburg (Arena) 1962 119
Marienfeld, Wolfgang, Die Geschichte des Deutschlandproblems im Spiegel der politischen Karikatur, Hannover 1991 37.2
Geschichte lernen, 18/1999. Braunschweig (Westermann) 37.3 (Wdh. 61.1)

Zeichnungen
Becker, Klaus, Oberursel; Binder, Thomas, Magdeburg; Galas, Elisabeth, Bad Breisig; Teßmer, Michael, Hamburg

Karten und Grafiken
Becker, Klaus, Oberursel; Binder, Volkhard, Berlin; Galas, Elisabeth, Bad Breisig; Kast, Peter, Schwerin; Lutz, Bernhard, Regensburg